COLECCIÓN "CAMINO DE SANTIDAD"

LA MONTAÑA

El Retrato del Camino de Santidad

VICTOR M. ROMERO C.

© 2026 Victor Manuel Romero Celis

Todos los derechos reservados.

Este libro, titulado "**LA MONTAÑA:** *El Retrato del Camino de Santidad*", está registrado ante la Oficina de Derechos de Autor de los Estados Unidos (U.S. Copyright Office) bajo el número de caso 1-15077439881.

Fecha de sumisión: 15 de Enero de 2026.
Registro en trámite ante la U.S. Copyright Office.
Tipo de obra: Literaria.

Ninguna parte de esta publicación puede ser reproducida, almacenada o transmitida en forma alguna —sea electrónica, mecánica, fotocopia, grabación o cualquier otro medio— sin el permiso previo y por escrito del autor, excepto en breves citas utilizadas con fines educativos o ministeriales no comerciales.

Este libro forma parte de la colección "**Camino de Santidad**", dedicada a la formación espiritual, restauración del alma y discernimiento profético en los tiempos finales.

Toda similitud con personas, lugares o eventos reales ha sido tratada con respeto y propósito espiritual.
La obra ha sido consagrada como instrumento de luz, enseñanza y llamado pastoral.

ISBN: 979-8-9937568-3-7
Diseño de cubierta y edición: Victor Manuel Romero Celis
Impreso en los Estados Unidos de América

Texto bíblico: Reina-Valera 1960 ® © Sociedades Bíblicas en América Latina, 1960. Renovado © Sociedades Bíblicas Unidas, 1988. Utilizado con permiso.
Reina-Valera 1960 ® es una marca registrada de las Sociedades Bíblicas Unidas y puede ser usada solo bajo licencia. (Todas las citas bíblicas usadas en este libro, al menos que se indique lo contrario, fueron tomadas de la Biblia Versión Reina-Valera 1960).

Para contacto, colaboraciones o acceso a contenido adicional, escanee el código QR en la contraportada.

*"Y habrá allí calzada y camino, y será llamado **Camino de Santidad**; no pasará inmundo por él, sino que él mismo estará con ellos; el que anduviere en este camino, por torpe que sea, no se extraviará..."*

(Isaías 35:8)

ÍNDICE GENERAL

Prologo   7
Introducción   9

PRIMERA PARTE -   13
LA INVITACION
Una Semilla, Una Visión de Subir la Montaña

1. **La Semilla del Llamado**
   Dios Sembrando la Visión de Subir la Montaña   17
2. **El Crecimiento en lo Invisible**
   Visualizando y Expandiendo la Visión   37
3. **La Prueba de la Visión**
   El Compromiso de Materializar la Visión   59
4. **Aquí Estoy…Delante de la Montaña**
   Uniéndome a la Visión   81

SEGUNDA PARTE -   105
EL PROCESO
La Escuela del Ascenso Hacia la Cima de la Montaña

5. **Aprendiendo a Leer el Terreno**
   Entre la Tierra y el Cielo   109
6. **Dependiendo del Espíritu**
   En Camino Desconocido   123
7. **Obedeciendo sin Entender**
   La Señal que Marca el Rumbo   141
8. **Abriendo Caminos con Dios**
   Cuando No hay Sendero   155

TERCERA PARTE -   **177**

EL PRELUDIO
De la Cima de la Montaña, El Desafío Final

9. **Las Restricciones del Camino**
   Aprendiendo a Respetar los Límites de Dios   181
10. **La Carga en el Camino**
    Sobrellevando un Peso que Incomoda   199
11. **El Clamor en el Camino**
    Buscando el Auxilio de Dios   221
12. **La Fe Hasta la Muerte**
    Disponiendo mi Vida a Él.   241

CUARTA PARTE -   **265**

LA CIMA
De la Montaña, El Encuentro con Su Presencia

13. **La Gloria de Dios**
    El Velo que Anticipa su Presencia   271
14. **La Santificación con Agua**
    Lavado por la Lluvia de Su Presencia   291
15. **La Purificación con Fuego**
    El Ardor Santo que Transforma el Corazón   311
16. **Su Presencia**
    El Tiempo de los Cielos Abiertos   339

 LA MONTAÑA

El Retrato del Camino de Santidad

Prologo

"...Y habrá allí calzada y camino, y será llamado Camino de Santidad; no pasará inmundo por él, sino que él mismo estará con ellos; el que anduviere en este camino, por torpe que sea, no se extraviará..."
(Isaías 35:8)

Cuando Dios Llama a Subir...

Hay momentos en la vida en los que Dios no habla con truenos ni con visiones extraordinarias. A veces, simplemente planta una inquietud. Una semilla. Un pensamiento que no se va. Una sensación interna que te dice: "Hay algo más arriba... y quiero que subas."

Así comenzó este libro.

No con un plan, ni con una estrategia, ni con un deseo de escribir. Comenzó con un llamado. Un llamado silencioso, pero insistente. Un llamado que no venía de la mente, sino del espíritu. Un llamado que no pedía explicaciones... pedía obediencia.

La montaña apareció primero como una imagen. Luego como una visión. Luego como un camino. Y finalmente como una realidad espiritual que transformó mi vida.

Este libro nace de ese ascenso. De ese proceso. De ese encuentro.

De ese Dios que no solo invita... guía.

Que no solo guía... forma.

Que no solo forma... purifica.

Que no solo purifica... se revela.

 LA MONTAÑA

El Retrato del Camino de Santidad

Mientras escribía, entendí algo que cambió mi perspectiva para siempre: la montaña no es un lugar físico, es un proceso interno. Es el retrato del camino de santidad.

Es el viaje que todo hijo de Dios debe recorrer, tarde o temprano, si desea encontrarse con Él de verdad.

Aquí no encontrarás teorías, encontrarás experiencias. No encontrarás conceptos, encontrarás procesos. No encontrarás fórmulas, encontrarás encuentros.

Cada capítulo fue vivido antes de ser escrito. Cada parte fue experimentada antes de ser narrada. Cada enseñanza fue recibida antes de ser compartida.

Este libro es testimonio, es camino, es altar.

Es una invitación a subir… a dejar lo plano… a enfrentar lo profundo… a abrazar lo santo… a encontrarte con Dios en la cima.

Y aunque este libro termina en el día, en la luz, en los cielos abiertos…la historia no termina allí.

Porque aún falta narrar lo que sucedió durante la noche, cuando la presencia de Dios se manifestó de maneras más íntimas, más profundas y reveladoras.

Ese será el próximo capítulo de esta historia. Ese será el próximo libro.

Por ahora, solo te digo esto:

prepárate para subir.

La montaña te espera.

Y Él también.

Víctor Manuel Romero Celis

 LA MONTAÑA
El Retrato del Camino de Santidad

Introducción

Hay caminos que se recorren con los pies…y caminos que solo pueden recorrerse con el alma.

"La Montaña: *El Retrato del Camino de Santidad*" no es una guía técnica, ni un manual devocional, ni un relato simbólico.

Es un viaje. Un ascenso. Una experiencia espiritual narrada desde adentro, donde cada paso, cada proceso y cada encuentro revela algo del corazón de Dios y algo del corazón del hombre.

La montaña es el escenario, pero también es el espejo. Es el lugar donde Dios llama, forma, prueba, purifica y finalmente se revela. Es el retrato del camino que todo hijo de Dios debe recorrer, no en lo físico, sino en lo profundo: en la mente, en el alma, en el espíritu.

Este libro está dividido en cuatro partes, cada una representando una fase del ascenso espiritual:

PRIMERA PARTE — LA INVITACIÓN: Aquí comienza todo. Dios planta una semilla, despierta una inquietud, enciende una visión.

No es el ascenso todavía… es el llamado.

Es el momento en que el hombre descubre que antes de subir una montaña externa, debe enfrentar las montañas internas.

SEGUNDA PARTE — EL PROCESO: El camino se vuelve escuela. Aquí se aprende a leer el terreno, a depender del Espíritu, a obedecer sin entender, a avanzar cuando no hay sendero.

 LA MONTAÑA

El Retrato del Camino de Santidad

Es la parte donde Dios forma el carácter, ajusta la visión y enseña a caminar por fe, no por vista.

TERCERA PARTE — EL PRELUDIO: La antesala de la cima. El tramo más difícil, más estrecho, más exigente.

Aquí se enfrentan las restricciones, la carga, el clamor y la fe que llega hasta la muerte. Es el punto donde el alma se quiebra, pero el espíritu se fortalece.

Donde el hombre se rinde… y Dios interviene.

CUARTA PARTE — LA CIMA: El encuentro. La gloria. El agua que limpia. El fuego que purifica. La presencia que transforma. Los cielos abiertos.

Es el lugar donde Dios no solo habla… habita. Donde la visión se aclara, la paz se establece y el alma respira aire limpio.

Es la cima espiritual, el altar donde el hombre contempla a Dios y contempla la vida desde Su perspectiva.

Este libro no pretende impresionar, sino acompañar. No busca enseñar teoría, sino revelar procesos. No intenta describir un camino fácil, sino un camino real. Un camino donde Dios guía, limpia, purifica, fortalece y finalmente abre los cielos sobre aquellos que se atreven a subir.

Mientras leas, no te apresures. Respira. Permite que cada parte haga su obra. Permite que cada capítulo te hable. Permite que cada proceso te encuentre.

 LA MONTAÑA

El Retrato del Camino de Santidad

Porque esta montaña no es geografía. Es santidad. Es transformación.

Es encuentro.

Y aunque este libro termina en la cima durante el día...la historia no termina allí.

Aún falta narrar lo que sucede durante la noche, cuando la presencia de Dios se manifiesta de maneras más profundas, más íntimas y reveladoras.

Ese será el próximo libro:

"LA CIMA DE LA MONTAÑA: *Una Noche en Su Presencia.*"

Pero por ahora...bienvenido al ascenso.

Bienvenido al camino.

Bienvenido a la montaña.

Víctor Manuel Romero Celis

*"...Respondiendo él, les dijo: El que siembra la buena semilla
es el Hijo del Hombre..."*
(Mateo 13:37)

LA MONTAÑA

La Invitación

PRIMERA PARTE

– LA INVITACION –
Una Semilla, Una Visión de Subir la Montaña

Hay llamados que no se buscan... se reciben.

Hay movimientos internos que no nacen del alma... sino del Espíritu.

Y hay momentos en la vida donde Dios planta una semilla tan pequeña como una inquietud, pero tan poderosa como una visión: subir la montaña.

Esta Primera Parte narra el despertar de esa invitación divina.

No es un relato de grandezas espirituales, ni una exaltación de experiencias extraordinarias.

Es el comienzo humilde, frágil y honesto de un hombre que escucha a Dios en medio del ruido, que siente el tirón del Espíritu en medio de la confusión, y que descubre que antes de subir una montaña externa... debe enfrentar las montañas internas.

Aquí comienza el viaje. Aquí nace la visión. Aquí se enciende la primera chispa del Camino de Santidad.

Lo que encontrarás en esta Primera Parte:

Capítulo 1: La Semilla del Llamado – El momento en que Dios planta un deseo santo en el corazón. La primera inquietud. El primer llamado. El despertar de algo que no viene del hombre, sino del Espíritu.

 LA MONTAÑA

La Invitación

Capítulo 2: El Crecimiento en lo Invisible – El proceso del crecimiento de los proyectos de Dios en los hombres. La visualización y expansión de la Visión.

Capítulo 3: La Prueba de la Visión – El fuego que no destruye, sino que revela. La prueba que apaga las emociones efervescentes y deja al descubierto la fe verdadera. El momento donde el alma se quiebra, pero el espíritu se fortalece.

Capítulo 4: Aquí Estoy… Delante de la Montaña – El umbral. El paso decisivo. El instante en que el hombre deja atrás lo construido por el hombre y entra en lo creado por Dios. La paz del espíritu, la obediencia sin sensacionalismo y la guía del Espíritu Santo.

Cada capítulo está compuesto por tres segmentos:

- **Mi Historia:** Un testimonio personal narrado sin adornos, donde la experiencia abre el camino.
- **Perlas Preciosas:** Una enseñanza teológica que ilumina con verdad lo vivido.
- **Intimidad:** Un espacio sagrado dividido en tres voces:
  - **Diálogo Interior:** Conversaciones entre el cuerpo, el alma y el espíritu del hombre en diversas circunstancias.
  - **Susurros del Espíritu Santo:** El Espíritu Santo guiando, afirmando y revelando.
  - **Hablando con Dios:** Una oración donde el hombre entrega todo a Dios.

Este no es un camino fácil. Pero es necesario.

Porque antes de subir la montaña… hay que escuchar la invitación.

Y antes de hablar de transformación…hay que reconocer el punto donde todo comenzó.

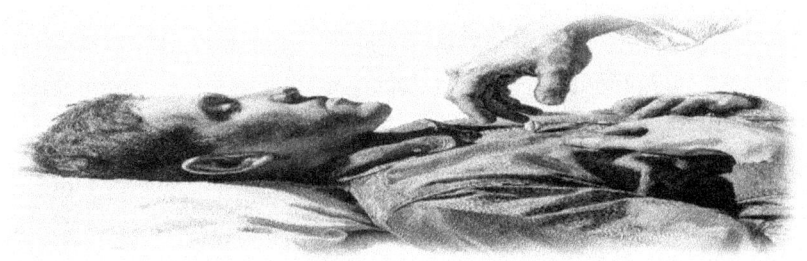

Capítulo 1

MI HISTORIA
LA SEMILLA DEL LLAMADO
Dios Sembrando la Visión de Subir la Montaña

"porque Dios es el que en vosotros produce así el querer como el hacer, por su buena voluntad"
(Filipenses 2:13)

Saliendo de la oscuridad y habiendo sido rescatado del mal camino, como lo relato en mi libro anterior, mi vida transcurría en una relación viva con Dios.

Había recibido una nueva identidad, una nueva esperanza, una nueva fe. Me sentía como un hombre nuevo: sin heridas, sin traumas, pero con hambre de seguir creciendo en las cosas espirituales, en las cosas de Dios y su palabra. Y también sabía que aún me faltaba mucho por aprender, vivir y experimentar.

Mi rutina se había convertido en una danza entre lo cotidiano y lo eterno: trabajo secular, oración, lectura de la Palabra, ayunos, vigilias, evangelismo en las calles, visitas a los enfermos… vivía lo que muchos llaman el primer amor.

 ## LA MONTAÑA

La Semilla del Llamado

En las vigilias y ayunos, éramos siempre los mismos: un pequeño remanente de diez o doce personas de una congregación que superaba los setecientos miembros de una "iglesia".

La mayoría de este remanente éramos nuevos creyentes, quizás ignorados por quienes llevaban veinte años sentados en la misma silla. No criticábamos, solo observábamos que muchos no deseaban buscar la presencia de Dios. Quizás para ellos, Dios era un recuerdo lejano, un libro olvidado. Para nosotros, Dios era cercano, vivo, presente.

La presencia del Espíritu Santo era real. No intento convencer a nadie de mis experiencias, pero sí las comparto. El Dios que conocí está vivo. El Espíritu Santo se mueve y Jesús intercede aún por nosotros.

Pensé que esa sería mi vida nada más sin nada nuevo: devoción, servicio, comunión. Pero un día, una imagen comenzó a formarse en mi mente. Era una visión: un grupo de personas adorando a Dios en la cima de una montaña, alrededor de una fogata, exaltando Su Nombre e intercediendo por otros. Esa imagen se repetía una y otra vez, y cada vez que lo imaginaba, sentía gozo, anhelo, deseo.

Y un día me pregunte: ¿Por qué no hacerlo? ¿Por qué no subir?

La idea era como una semilla, y quizás fue sembrada mientras dormía, o mientras trabajaba; no sé cuándo eso fue sembrando en mi corazón. Al principio, ni la noté. Pero día tras día, fue creciendo.

Lo que comenzó como un pensamiento, se convirtió en una emoción. Ya no solo lo veía, lo deseaba. Y cuando la semilla conquistó mi alma, comenzó a querer manifestarse en mi cuerpo: en mis acciones, en mi comportamiento. Ya no era una idea. Era un árbol dentro de mí.

 LA MONTAÑA

La Semilla del Llamado

Y antes de que se hiciera más fuerte esa semilla o ese árbol que estaba creciendo...Oré y Ayuné.

Le pedí a Dios que me mostrara si esa visión venía de Él o de mi carne. Ya que había aprendido que nada bueno sale de los deseos de la carne y realmente no estaba interesado en satisfacer los deseos de mi carne. Al contrario, mi anhelo era el hacer la voluntad de mi Padre Celestial.

Durante ese tiempo de búsqueda, Dios me confirmó que la semilla era Suya. El Espíritu Santo la había sembrado en mi espíritu, y ahora mi alma la abrazaba, y solo faltaba llevar el cuerpo en obediencia a la visión.

Así comprendí que tenía una asignación, una tarea, un proyecto, una misión revelada en una visión: adorar a Dios en la cima de una montaña, alrededor de una fogata, exaltando Su Santo Nombre e intercediendo por otros

Y esto era como una especie de INVITACION para subir a la Cima de la Montaña, y esa invitación fue como LA SEMILLA DEL LLAMADO.

Esa Invitación fue Dios Sembrando la Visión de Subir Hacia la Cima de la Montaña.

"porque Dios es el que en vosotros produce así el querer como el hacer, por su buena voluntad"
(Filipenses 2:13)

LA MONTAÑA

La Semilla del Llamado

PERLAS PRECIOSAS
El Proceso de la Semilla en el Interior del Hombre

La expresión "El proceso de la semilla en el interior del hombre", es una metáfora que busca de representar el proceso de una idea, un pensamiento o una visión en el interior del hombre.

¿Quién ha podido tocar una idea o abrazar un pensamiento?

Las ideas, los pensamientos y las visiones, son cosas invisibles al ojo humano, son cosas inmateriales que son percibidas por el hombre desde su área o parte invisible también.

Y aquí es cuando comenzamos a entrar en el área espiritual, en el área invisible y desconocida por algunos o por muchos.

EL HOMBRE: *Ser Tripartito, Cuerpo, Alma y espíritu.*

Una cualidad esencial del hombre es su naturaleza tripartita: cuerpo, alma y espíritu. Esta estructura revela que el hombre no es solo materia, sino también portador de dimensiones invisibles.

Aunque el término "tripartito" no aparece literalmente en la Biblia, las Escrituras sí mencionan y distinguen estas tres partes:

- **Cuerpo:** Parte visible, material, que interactúa con el mundo físico.

- **Alma:** Parte Invisible. Sede de las emociones, la voluntad y la personalidad.

- **Espíritu:** Parte Invisible. Dimensión más profunda, que conecta al hombre con Dios y lo eterno.

Ejemplos bíblicos que evidencian esta distinción:

*"En su consejo no entre mi **alma**, Ni mi espíritu se junte en su compañía..."* (Génesis 49:6)

*"Hablaré en la angustia de mi **espíritu**, Y me quejaré con la amargura de mi **alma**."* (Job 7:11)

*"La palabra de Dios... penetra hasta partir el **alma** y el **espíritu**..."* (Hebreos 4:12)

*"Todo vuestro ser, **espíritu, alma** y **cuerpo**, sea guardado irreprensible..."* (1 Tesalonicenses 5:23)

EL ESPIRITU: *Desde El Espíritu de Dios al espíritu del Hombre*

El Apóstol Pablo explico claramente este hecho espiritual: El Espíritu de Dios da a conocer las cosas de Dios, y lo comunica al espíritu del hombre.

"Pero Dios nos las reveló a nosotros por el Espíritu; porque el Espíritu todo lo escudriña, aun lo profundo de Dios. Porque ¿quién de los hombres sabe las cosas del hombre, sino el espíritu del hombre que está en él? Así tampoco nadie conoció las cosas de Dios, sino el Espíritu de Dios. Y nosotros no hemos recibido el espíritu del mundo, sino el Espíritu que proviene de Dios, para que

sepamos lo que Dios nos ha concedido, lo cual también hablamos, no con palabras enseñadas por sabiduría humana, sino con las que enseña el Espíritu, acomodando lo espiritual a lo espiritual." (1 Corintios 2:10-13)

EL ALMA: *La Corona para la Conquista o la Derrota del Hombre.*

El espíritu del hombre recibe revelación del Espíritu de Dios, pero necesita al alma para que esa revelación se convierta en acción.

El alma —las emociones, los deseos— es el puente entre lo invisible y lo visible. Y quien conquista el alma, conquista el cuerpo.

Por eso Pablo enseñó:

"Digo, pues: Andad en el Espíritu, y no satisfagáis los deseos de la carne. Porque el deseo de la carne es contra el Espíritu, y el del Espíritu es contra la carne; y estos se oponen entre sí, para que no hagáis lo que quisiereis" (Gálatas 5:17)

Aquí el apóstol pablo nos enseña acerca de una lucha invisible que ocurre dentro de todo ser humano, una lucha de poder y conquista, una lucha entre "la carne" y "el espíritu".

Y esta batalla es por el alma. Ambas partes luchan entre sí para conquistar el alma del individuo, porque conquistando el alma, conquistan la voluntad del hombre y, por consiguiente, ese hombre tendrá un comportamiento con relación a quien lo conquisto.

Si la carne conquista el alma, el hombre satisfará todos los deseos de la carne, dentro de un conjunto de comportamientos descritos por el Apóstol Pablo:

 LA MONTAÑA

La Semilla del Llamado

"Y manifiestas son las obras de la carne, que son: adulterio, fornicación, inmundicia, lascivia, idolatría, hechicerías, enemistades, pleitos, celos, iras, contiendas, disensiones, herejías, envidias, homicidios, borracheras, orgías, y cosas semejantes a estas; acerca de las cuales os amonesto, como ya os lo he dicho antes, que los que practican tales cosas no heredarán el reino de Dios." (Gálatas 5:19-21)

En caso contrario, si el espíritu conquista el alma, el hombre tendrá un comportamiento que refleje el carácter de Cristo, caminará en la voluntad de Dios, caminará en santidad.

En cuanto esto, el Apóstol Pablo escribió:

"Mas el fruto del Espíritu es amor, gozo, paz, paciencia, benignidad, bondad, fe, mansedumbre, templanza; contra tales cosas no hay ley. Pero los que son de Cristo han crucificado la carne con sus pasiones y deseos. Si vivimos por el Espíritu, andemos también por el Espíritu" (Gálatas 5:22-25)

EL CUERPO: *La Exposición de lo Invisible a Visible*

El cuerpo del ser humano es lo más fácil de explicar porque esta visible al ojo humano y palpable a nuestras manos. A diferencia del alma y el espíritu, que son invisibles.

Un cuerpo además de ser una estructura física compuesta de materia es también un proyector de lo invisible.

En otras palabras, de acuerdo con los valores y creencias que están depositadas en el espíritu del hombre, se generara una combinación de emociones que se manifestaran en el cuerpo como un comportamiento.

LA MONTAÑA

La Semilla del Llamado

Entonces, aun cuando no pueda ver el alma y espíritu de una persona, por su comportamiento podría intentar discernir lo invisible.

Intentar discernir el interior del hombre por su comportamiento, tiene sus riesgos de error, ya que solo Dios tiene la capacidad de ver lo que hay en el interior del hombre realmente.

Pero, para aplicarlo a mi propia vida, existencia y comportamiento, es una herramienta muy útil para entender lo que pasa dentro de mí, ya que yo soy testigo de mis pensamientos, emociones y comportamientos.

CUERPO, ALMA Y ESPIRITU: *Diferentes Destinos*

Ya habiendo explicado algunos elementos del cuerpo, alma y espíritu del hombre, veamos lo que enseña las escrituras acerca de su futuro.

En la vida presente, el ser humano está definido por la existencia y combinación del cuerpo, alma y espíritu. Tres partes individuales pero fusionadas que conforman al ser humano.

Sin embargo, la proyección o futuro del ser humano después de la muerte, será la separación de esas tres partes, conduciéndolas a diferentes destinos.

1. **Destino del Cuerpo del Hombre:** Las escrituras señala que el cuerpo del hombre vino del polvo de la tierra y al polvo de la tierra ira cuando muera.

    "...pues polvo eres, y al polvo volverás" (Genesis 3:19 b)

2. **Destino del Espíritu del Hombre:** Las escrituras señala que el espíritu del hombre vino de Dios y a Dios ira cuando muera.

LA MONTAÑA
La Semilla del Llamado

"...y el polvo vuelva a la tierra, como era, y el espíritu vuelva a Dios que lo dio." (Eclesiastés 12:7)

3. **Destino del Alma del Hombre:** Aquí es donde está el asunto de las mil batallas, el Alma. El Alma, podrá alcanzar la vida o la condenación eterna.

El cuerpo vuelve al polvo. El espíritu regresa a Dios. Pero el alma... el alma será juzgada por Dios.

El alma tiene dos destinos: la presencia eterna de Dios o el lago de fuego. Y este destino será vinculado al alma de acuerdo con quien se alineo ella.

Dios por medio de los escritos del Apóstol Juan dijo:

"El que venciere heredará todas las cosas, y yo seré su Dios, y él será mi hijo. Pero los cobardes e incrédulos, los abominables y homicidas, los fornicarios y hechiceros, los idólatras y todos los mentirosos tendrán su parte en el lago que arde con fuego y azufre, que es la muerte segunda" (Apocalipsis 21:7-8)

Jesús también enseño esto a través de una parábola:

"Les refirió otra parábola, diciendo: El reino de los cielos es semejante a un hombre que sembró buena semilla en su campo; pero mientras dormían los hombres, vino su enemigo y sembró cizaña entre el trigo, y se fue. Y cuando salió la hierba y dio fruto, entonces apareció también la cizaña. Vinieron entonces los siervos del padre de familia y le dijeron: Señor, ¿no sembraste buena semilla en tu campo? ¿De dónde, pues, tiene cizaña? Él les dijo: Un enemigo ha hecho esto. Y los siervos le dijeron: ¿Quieres, pues, que vayamos y la arranquemos? Él les dijo: No, no sea que al

 LA MONTAÑA

arrancar la cizaña, arranquéis también con ella el trigo. Dejad crecer juntamente lo uno y lo otro hasta la siega; y al tiempo de la siega yo diré a los segadores: Recoged primero la cizaña, y atadla en manojos para quemarla; pero recoged el trigo en mi granero." (Mateo 13:24-30)

Y no solo la enseño, sino que la explico de la siguiente manera:

"Entonces, despedida la gente, entró Jesús en la casa; y acercándose a él sus discípulos, le dijeron: Explícanos la parábola de la cizaña del campo. Respondiendo él, les dijo: El que siembra la buena semilla es el Hijo del Hombre. El campo es el mundo; la buena semilla son los hijos del reino, y la cizaña son los hijos del malo. El enemigo que la sembró es el diablo; la siega es el fin del siglo; y los segadores son los ángeles. De manera que como se arranca la cizaña, y se quema en el fuego, así será en el fin de este siglo. Enviará el Hijo del Hombre a sus ángeles, y recogerán de su reino a todos los que sirven de tropiezo, y a los que hacen iniquidad, y los echarán en el horno de fuego; allí será el lloro y el crujir de dientes. Entonces los justos resplandecerán como el sol en el reino de su Padre. El que tiene oídos para oír, oiga." (Mateo 13:36-43)

INSPECCIONANDO LA SEMILLA: *Discernir y Decidir*

Por eso, antes de permitir que una idea o un pensamiento tome forma en tu vida, debes orar, ayunar, discernir. Porque no toda semilla viene de Dios. El ladrón también siembra, pero los propósitos del ladrón son otros...

 LA MONTAÑA

La Semilla del Llamado

"El ladrón no viene sino para hurtar y matar y destruir; yo he venido para que tengan vida, y para que la tengan en abundancia" (Juan 10:10)

En cultos satánicos, los espíritus malignos ofrecen en pactos: riquezas, poder, fama... a cambio del alma. A Jesús, Satanás le ofreció los reinos del mundo si lo adoraba.

"Todo esto te daré, si postrado me adorares." (Mateo 4:9)

La tentación fue real. El ángel caído tiene acceso a riquezas y poder. Y el hombre ambicioso es vulnerable.

"porque raíz de todos los males es el amor al dinero, el cual codiciando algunos, se extraviaron de la fe, y fueron traspasados de muchos dolores" (1 Timoteo 6:10)

Pero cuando el hombre lleva a cabo lo que Dios ha sembrado en él, ocurre algo hermoso: lo invisible se vuelve visible para edificación y expansión del Reino de Dios. La idea nace en el espíritu, se abraza en el alma, y se ejecuta en el cuerpo.

"La fe es la certeza de lo que se espera, la convicción de lo que no se ve." (Hebreos 11:1)

Cada proyecto, cada sueño, cada obra comienza en otra dimensión. Y cuando se manifiesta, revela su origen. Si fue sembrado por Dios, expandirá Su Reino. Si fue sembrado por el enemigo, dañará y destruirá el alma.

Por eso, antes de avanzar en una idea, un pensamiento, un proyecto, pregúntate:

¿Lo que hago viene de Dios? ¿Contribuye a la salvación de mi alma y de otros? ¿Es placer o propósito? ¿Es egoísmo o amor?

Ora. Ayuna. Discierne. Y si la semilla es de Dios, que crezca. Y si no lo es, que sea arrancada.

 LA MONTAÑA

La Semilla del Llamado

INTIMIDAD
¿Debo Examinar la Semilla que está Dentro de mí?

Antes de avanzar, respira....

Este no es un espacio para correr, ni para analizarlo todo con la mente, ni para forzar respuestas. Es un espacio para mirar hacia adentro con sinceridad.

En este lugar, **INTIMIDAD** se convierte en un terreno sagrado donde podrás escuchar con claridad lo que sucede dentro de ti cuando Dios planta una semilla: esa inquietud santa, ese deseo inexplicable, esa visión que comienza como un susurro y que, si es de Él, crecerá con fuerza y propósito.

Aquí escucharás:
- ✓ La voz del cuerpo, que siente resistencia ante lo desconocido;
- ✓ La voz del alma, que reacciona con emociones, recuerdos y temores;
- ✓ La voz del espíritu, que reconoce cuando algo viene de Dios;
- ✓ Y la voz de Dios, que revela el origen de la semilla y su destino.

 LA MONTAÑA

La Semilla del Llamado

Este no es un espacio de juicio, sino de discernimiento. No es un espacio de presión, sino de claridad. No es un espacio de exigencia, sino de verificación espiritual.

INTIMIDAD, aquí, es el lugar donde tus voces internas se alinean con la verdad:

- ❖ Que no toda semilla viene de Dios.
- ❖ Que lo sembrado por Dios siempre da fruto.
- ❖ Que lo sembrado por el enemigo debe ser arrancado.
- ❖ Y que lo sembrado por Dios debe ser cuidado, abonado y protegido.

En este espacio, Dios no te acusa... te ilumina. No te confunde... te aclara. No te empuja... te guía. No te deja solo... te acompaña mientras examinas lo que está naciendo dentro de ti.

Bienvenido a **INTIMIDAD**.

El lugar donde tu interior aprende a reconocer el origen de la semilla...

y a abrazar lo que Dios plantó en ti desde el principio.

 LA MONTAÑA

La Semilla del Llamado

DIALOGO INTERIOR
Cuando el Alma se Cansa de Semillas Malas

Hola, yo soy el alma, la parte invisible dentro de ti. Tengo voz propia, y a veces mi voz es escuchada y otras veces no. Tengo a mi disposición un abanico de emociones con gran variedad de energía. Soy sensible a lo que me rodea. Por eso muchos no confían en mí. A veces soy volátil y me gusta manifestarme en emociones.

Dentro de ti, tengo unos vecinos, uno bueno y otro malo. Mi vecino el bueno, el espíritu, se caracteriza por la fe, esperanza y un amor diferente al mío. Él se comunica con Dios el Creador, y se que el espíritu quiere tomarme para que juntos nos reunamos con el Creador en su presencia, a veces lo complazco y lo disfruto.

Mi otro vecino, el malo, algunos lo llaman "la carne", otros más educados lo llaman "naturaleza pecaminosa". A la final, no se cuál es su verdadero nombre, pero lo que si se, es que siempre anda buscándome, enamorándome, seduciéndome, tratando de conquistarme a cosas super emocionantes, que comienzan con mucha alegría, pero después saca de mi un gran dolor, pena y tristeza. Ese vecino siempre me trae problemas.

Estoy cansada de recibir sus semillas con amor y entusiasmo, pero al pasar el tiempo, cuando crecen me dan frutos amargos y venenosos.

Estoy harta de ser confundida y ser la receptora de malas semillas.

 LA MONTAÑA

La Semilla del Llamado

A veces grito, pero nadie me escucha...me he dado cuenta de que hacer alianza con la "carne" es desagradable y me lleva a la perdición. Pero no tengo fuerzas y estoy abatida.

No quiero alianza con mi mal vecino, no quiero ser atrapada en sus trampas y engaños.

No quiero que me envuelvan en semillas, ideas, proyectos donde mis emociones sean pisoteadas. Quiero ser gobernada por el Creador y rendirme ante él.

Quiero recibir órdenes desde el espíritu como el alma del salmista las recibía, cuando su espíritu le decía:

"Bendice, alma mía, a Jehová, Y bendiga todo mi ser su santo nombre. Bendice, alma mía, a Jehová, Y no olvides ninguno de sus beneficios. Él es quien perdona todas tus iniquidades, El que sana todas tus dolencias; El que rescata del hoyo tu vida, El que te corona de favores y misericordias; El que sacia de bien tu boca De modo que te rejuvenezcas como el águila." (Salmos 103:1-5)

 LA MONTAÑA

La Semilla del Llamado

SUSURROS DEL ESPIRITU SANTO
Hijo Mío...Yo Soy El Sembrador de Semillas

Escucha con calma lo que voy a decirte.

Antes de que tus días comenzaran, Yo ya te conocía.
Antes de que tus manos tocaran la tierra,
Mi mano ya había sembrado en ti una semilla.

No te asustes por lo que sientes.
No te confundas por lo que no entiendes.
La semilla que puse dentro de ti no nació en tu mente,
nació en Mi corazón.

Yo fui quien despertó ese deseo.
Yo fui quien encendió esa visión.
Yo fui quien te mostró la montaña.
Yo fui quien te llamó a subir.

No estás perdido.
No estás solo.
No estás improvisando.
Estás respondiendo a un llamado eterno.

A veces tu alma se agita,
a veces tu carne te distrae,
a veces tu espíritu se fortalece...
y tú no sabes cuál voz escuchar.

Pero Yo estoy aquí.
Yo no te dejo.
Yo no te suelto.
Cuando sientas cansancio, ven.
Cuando sientas confusión, ven.

 LA MONTAÑA

La Semilla del Llamado

Cuando sientas gozo, ven.
Cuando no sientas nada, también ven.

Yo soy quien cuida la semilla.
Yo soy quien la riega.
Yo soy quien la protege.
Yo soy quien la hará crecer.

No temas al proceso.
No temas a la espera.
No temas a la montaña.
No temas a tu fragilidad.

Mi fuerza se perfecciona en tu debilidad.
Mi luz brilla en tu oscuridad.
Mi voz se oye en tu silencio.
Mi amor te sostiene aun cuando no lo percibes.

Hijo mío... hija mía...
La semilla que puse en ti dará fruto.

Y cuando llegue el tiempo,
subirás la montaña que viste en la visión,
y allí Me encontrarás.

Yo estoy contigo.
Yo estoy en ti.
Yo soy tu paz.
Yo soy tu guía.
Yo soy tu Dios.

 LA MONTAÑA

La Semilla del Llamado

HABLANDO CON DIOS
Padre Amado, Gracias por la Semilla...

"Como el ciervo brama por las corrientes de las aguas, Así clama por ti, oh Dios, el alma mía. Mi alma tiene sed de Dios, del Dios vivo; ¿Cuándo vendré, y me presentaré delante de Dios?"

"Fueron mis lágrimas mi pan de día y de noche, Mientras me dicen todos los días: ¿Dónde está tu Dios? Me acuerdo de estas cosas, y derramo mi alma dentro de mí; De cómo yo fui con la multitud, y la conduje hasta la casa de Dios, Entre voces de alegría y de alabanza del pueblo en fiesta."

"¿Por qué te abates, oh alma mía, Y te turbas dentro de mí? Espera en Dios; porque aún he de alabarle, Salvación mía y Dios mío. Dios mío, mi alma está abatida en mí; Me acordaré, por tanto, de ti desde la tierra del Jordán, Y de los hermonitas, desde el monte de Mizar. Un abismo llama a otro a la voz de tus cascadas; Todas tus ondas y tus olas han pasado sobre mí."

"Pero de día mandará Jehová su misericordia, Y de noche su cántico estará conmigo,"

"Y mi oración al Dios de mi vida. Diré a Dios: Roca mía, ¿por qué te has olvidado de mí? ¿Por qué andaré yo enlutado por la opresión del enemigo?"

 LA MONTAÑA

La Semilla del Llamado

"Como quien hiere mis huesos, mis enemigos me afrentan, Diciéndome cada día: ¿Dónde está tu Dios?"

"¿Por qué te abates, oh alma mía, Y por qué te turbas dentro de mí?
Espera en Dios; porque aún he de alabarle, Salvación mía y Dios mío."

(Salmos 42)

…Hago de este salmo mi oración…

En el Nombre de Tu Hijo Amado, Jesús, Amén…

Capítulo 2
MI HISTORIA
EL CRECIMIENTO DE LO INVISIBLE
Visualizando y Expandiendo la Visión

"Por tanto, también vosotros estad preparados; porque el Hijo del Hombre vendrá a la hora que no pensáis"
(Mateo 24:44)

Habiendo reconocido que fue Dios quien me sembró la Visión de Subir Hacia la Cima de la Montaña, entendí que debía hacer una cosa: prepararme.

El Inicio de toda buena preparación envuelve la visualización y expansión de la Visión, y esto se hace con imaginación.

Para poder prepararme hacia el camino de la cima de la montaña, tuve que imaginarme como seria el recorrido, el entorno, mis debilidades y fortalezas, mis necesidades, etc.

Mi preparación no era una falta de Fe, por el contrario, era un refuerzo de mi fe; porque ya había entendido que la palabra de Dios había confirmado que era su voluntad subir la montaña, entonces todo lo que envolvía la preparación, estaba evolucionando sobre la

LA MONTAÑA

El Crecimiento de lo Invisible

visión. De esta manera, me imaginaba el recorrido y también me hacía las preguntas correctas, que me ayudaron a prepararme.

¿Qué camino voy a transitar? ¿Cuáles son las condiciones del camino? ¿Cuál es mi condición? ¿Quién será mi transporte? ¿Qué voy a necesitar? ¿Qué voy a hacer allá arriba? ¿Qué peso puedo llevar? ¿Con quién debo ir? ¿Cuánto tiempo estaré allá?

Este proceso también lo sometí en oración. Oré para poder visualizar, para prevenir lo que necesitaría, para buscar dirección.

La actividad era de intimidad espiritual con Dios, así que también consideré que debía ir junto a mis amigos espirituales, los que se deleitaban en la presencia de Dios.

Llamé a cada uno de ellos, nos reunimos para orar, y les compartí la visión. Todos quedaron fascinados. Se comprometieron a participar, y cerramos la reunión con una oración y allí estaba "S".

Salí de esa reunión emocionado. Estaba trabajando en la transformación de algo invisible en algo visible.

A los días siguiente, después de considerar varios elementos terminé la lista de las cosas que llevaría a la montaña:

• **Un pequeño bolso de espalda:** para llevar todo lo necesario sin cargar peso excesivo, dejando los brazos libres para caminar con soltura.

• **La Biblia:** para leer en la cima, como lámpara para el camino y alimento para el alma.

• **Carbón:** para encender la fogata, símbolo del fuego que purifica y congrega.

• **Un frasco con combustible:** para avivar el fuego, como el Espíritu que enciende lo que está dormido.

 LA MONTAÑA

El Crecimiento de lo Invisible

- **Una cajita de fósforos:** para iniciar la llama, como la chispa de fe que enciende la devoción.

- **Pan y Carne sazonada:** para compartir con mis hermanos, como expresión de comunión y provisión.

- **Agua:** para hidratarme, como símbolo del agua viva que refresca el alma.

- **La bandera de Venezuela:** para orar por mi nación, como acto profético de intercesión.

Cada elemento tenía un propósito. Nada era casual. Todo respondía a una visión espiritual.

Después, otra pregunta: ¿Cómo debo ir vestido? Consideré el camino y decidí llevar ropa cómoda: pantalón tipo deportivo, elástico y holgado, zapatos deportivos y ajustados a los pies y una franela ligera que permitiera transpirar. Vestirme para el ascenso era parte de la preparación.

Por último: ¿Cuándo será y a qué hora? El tiempo debía ser el diseñado por Dios. Así que volví a ayunar y orar y la respuesta llegó: 27 de julio de 1997, un domingo, después del servicio dominical.

Finalmente, mi espíritu estaba Visualizando y Expandiendo la Visión…cada vez más y más.

"Por tanto, también vosotros estad preparados; porque el Hijo del Hombre vendrá a la hora que no pensáis"
(Mateo 24:44)

 LA MONTAÑA

El Crecimiento de lo Invisible

PERLAS PRECIOSAS

La Preparación Espiritual ante la Visión Declarada por Jesús

"Por tanto, también vosotros estad preparados; porque el Hijo del Hombre vendrá a la hora que no pensáis."
(Mateo 24:44)

En MI HISTORIA anterior, la visión sembrada en el espíritu fue personal: subir una montaña.

Pero ahora entramos en una visión que no fue sembrada sino declarada, y declarada por el mismo Cristo: Su regreso.

Jesús no dejó Su venida como un misterio sin propósito. La presentó como una realidad futura, una promesa segura y una visión profética que debe gobernar la vida del creyente.

"Porque el Hijo del Hombre vendrá en la gloria de su Padre con sus ángeles, y entonces pagará a cada uno conforme a sus obras"
(Mateo 16:27)

La visión está declarada. El Rey volverá. Y sobre esa visión, Jesús dio una instrucción directa: *"Estad preparados."*

LA MONTAÑA

El Crecimiento de lo Invisible

La preparación no es opcional. Es la respuesta natural a una visión eterna.

LA PREPARACIÓN SEGÚN JESÚS: *Visualizar, Expandir, Imaginar.*

Así como la visión de subir la montaña necesitó preparación, la visión del regreso de Cristo también demanda un proceso interno de preparación.

Jesús enseñó que la preparación espiritual es una actitud continua, no un evento aislado.

"Bienaventurados aquellos siervos a los cuales su señor, cuando venga, halle velando; de cierto os digo que se ceñirá, y hará que se sienten a la mesa, y vendrá a servirles"
(Lucas 12:37)

La preparación espiritual se fortalece cuando el creyente desarrolla tres elementos:

Visualización, Expansión e Imaginación.

VISUALIZACIÓN: *Ver lo que Jesús Anuncio*

La visualización espiritual es bíblica. Jesús usó imágenes para despertar expectativa: el cielo abriéndose, la trompeta sonando, los ángeles reuniendo a los escogidos, el Rey apareciendo en gloria.

"Entonces verán al Hijo del Hombre viniendo en una nube con poder y gran gloria."
(Lucas 21:27)

 LA MONTAÑA

El Crecimiento de lo Invisible

La visualización no es fantasía. Es un acto espiritual que despierta el alma y orienta la vida.

Cuando la iglesia visualiza la venida del Señor, vive con propósito, sobriedad y esperanza.

EXPANSIÓN: *Permitir que la Visión crezca en Nosotros*

La visión del regreso de Cristo no debe quedarse pequeña. Debe expandirse hasta influir en: decisiones, prioridades, carácter, relaciones, servicio, santidad.

> *"Y todo aquel que tiene esta esperanza en él, se purifica a sí mismo, así como él es puro."*
> (1 Juan 3:3)

La esperanza del regreso de Cristo produce transformación.

La visión que se expande, guía.

La visión que se estanca se apaga.

IMAGINACIÓN: *El Taller donde lo Invisible toma Forma*

La imaginación es una herramienta espiritual. Es el espacio donde el creyente contempla lo eterno.

> *"Poned la mira en las cosas de arriba, no en las de la tierra."*
> (Colosenses 3:2)

 LA MONTAÑA

El Crecimiento de lo Invisible

Así como la imaginación permitió visualizar el ascenso a la montaña, la imaginación espiritual permite contemplar y anhelar: el rostro del Señor, el sonido de la trompeta, el encuentro eterno, la gloria venidera.

La imaginación despierta la fe. La fe despierta la obediencia. La obediencia prepara el camino.

LOS ELEMENTOS DE LA PREPARACIÓN: *Símbolos del Camino de Santidad*

En mi experiencia personal, la preparación envolvía una lisita de elementos y cada objeto tenía un propósito.

En la vida espiritual, cada uno de ellos se convierte en un símbolo del camino hacia la santidad:

1. El Bolso Ligero: *Despojarnos del peso…*

"Despojémonos de todo peso y del pecado que nos asedia…"
(Hebreos 12:1)

El creyente no puede avanzar cargado de: culpas, resentimientos, hábitos destructivos, cargas innecesarias. El camino hacia Cristo requiere ligereza.

2. La Biblia: *Lámpara para el camino*

"Lámpara es a mis pies tu palabra, y lumbrera a mi camino."
(Salmos 119:105)

La Palabra guía, corrige, ilumina y sostiene. No hay preparación sin Escritura.

 LA MONTAÑA

El Crecimiento de lo Invisible

3. El Carbón: *El fuego del Espíritu*

"No apaguéis al Espíritu."
(1 Tesalonicenses 5:19)

El Espíritu Santo es el fuego que purifica, transforma y mantiene viva la devoción.

4. El Combustible: La oración que aviva

"Orad sin cesar."
(1 Tesalonicenses 5:17)

La oración aviva lo que está dormido. Sin oración, el fuego se apaga.

5. Los Fósforos: La fe que enciende

"Porque por fe andamos, no por vista."
(2 Corintios 5:7)

La fe es pequeña como un fósforo, pero puede encender una fogata espiritual.

6. El Pan y la Carne: La comunión

"Y perseveraban... en la comunión unos con otros..."
(Hechos 2:42)

El camino de santidad no es solitario. La comunión fortalece, sostiene y edifica.

 LA MONTAÑA

El Crecimiento de lo Invisible

7. El Agua — La presencia refrescante del Espíritu

"El que cree en mí... de su interior correrán ríos de agua viva."
(Juan 7:38)

El Espíritu refresca, renueva y da vida. Sin agua, no hay avance.

8. La Bandera del Reino de los Cielos: Identidad y ciudadanía eterna

"Mas buscad primeramente el reino de Dios y su justicia..."
(Mateo 6:33)

En mi experiencia personal lleve una bandera terrenal. Pero en el camino espiritual, la bandera que se lleva es otra: La bandera del Reino de los Cielos.

Representa: identidad espiritual, ciudadanía eterna, misión, propósito, lealtad al Rey, pertenencia al Reino.

Jesús habló de ese Reino en parábolas: como un tesoro, como una perla, como una fiesta, como una semilla.

Llevar la bandera del Reino es declarar:

"No vivimos para este mundo. Vivimos para el Rey que viene."

9. La Vestimenta Adecuada: Vestirse de Cristo

"Vestíos del Señor Jesucristo..."
(Romanos 13:14)

 LA MONTAÑA

El Crecimiento de lo Invisible

"Vestíos del nuevo hombre..."
(Colosenses 3:10)

"Vestíos de toda la armadura de Dios..."
(Efesios 6:11)

La preparación espiritual también se refleja en la vestidura del alma: santidad, justicia, verdad, humildad, amor.

LLAMADO FINAL: *Prepárate*

Si una montaña terrenal requirió preparación detallada,

¿cuánto más la venida gloriosa de Cristo?

La visión está declarada. La orden está dada. El tiempo se acerca.

Jesús viene.

Y nosotros debemos estar preparados.

 LA MONTAÑA
El Crecimiento de lo Invisible

INTIMIDAD
¿Debo Prepararme?

Antes de avanzar, respira...
Este no es un espacio para correr, ni para exigirte, ni para intentar "hacerlo bien".
Es un espacio para disponerte.

En este lugar, **INTIMIDAD** se convierte en un lugar donde podrás escuchar con claridad lo que sucede dentro de ti cuando Dios comienza a prepararte en lo invisible:
- Cuando la visión crece sin que nadie la vea.
- Cuando el proceso avanza sin aplausos.
- Cuando el corazón es trabajado en silencio.

Aquí escucharás:

- ✓ La voz del cuerpo, que siente el peso de la disciplina y la incomodidad del cambio.
- ✓ La voz del alma, que lucha entre el deseo de avanzar y el temor a lo desconocido;
- ✓ La voz del espíritu, que reconoce la importancia de estar listo para lo que viene;
- ✓ Y la voz de Dios, que te recuerda las palabras de Jesús: "Estad preparados."

LA MONTAÑA
El Crecimiento de lo Invisible

Este no es un espacio de prisa, sino de disposición. No es un espacio de ansiedad, sino de enfoque. No es un espacio de exigencia, sino de formación.

INTIMIDAD, aquí, es el lugar donde tus voces internas se alinean con la verdad:

- ❖ Que la preparación no es opcional.
- ❖ Que lo que Dios hará mañana depende de cómo te dispongas hoy.
- ❖ Que el crecimiento invisible es tan real como el visible.
- ❖ Y que la preparación es un acto de amor hacia la visión que Dios te dio.

En este espacio, Dios no te presiona… te forma.
No te acelera… te establece.
No te intimida… te equipa.
No te deja solo… te acompaña mientras te preparas para lo que Él ya vio en ti.

Bienvenido a **INTIMIDAD**.
El lugar donde tu interior aprende a disponerse para lo que viene…

y a tomar en serio el llamado de Jesús: estar preparado.

 LA MONTAÑA

El Crecimiento de lo Invisible

DIALOGO INTERIOR
Cuando el Espíritu del Hombre llama a su Alma a Prepararse

Alma mía... escucha un momento.

Necesito hablar contigo. No desde el ruido, ni desde la prisa, sino desde ese lugar profundo donde todavía recuerdas quién eres.

Hay algo que no podemos ignorar. Jesús dijo que volverá. Y aunque lo hemos escuchado tantas veces, sé que dentro de ti esa verdad a veces se diluye entre preocupaciones, entre rutinas, entre cansancio, entre distracciones.

Pero yo, tu espíritu, no puedo olvidarlo. No puedo dejar de sentirlo. No puedo dejar de anhelarlo. Por eso te hablo hoy. A veces te veo cargada, otras veces dispersa, otras veces apagada.

Y entiendo por qué: la vida pesa, las heridas duelen, las responsabilidades se acumulan, los días se parecen demasiado entre sí.

Pero, aun así, hay algo más grande que todo eso. Algo que nos llama. Algo que nos espera. Algo que se acerca.

Y necesito que lo recuerdes.

¿Recuerdas cuando imaginábamos juntos el futuro?

¿Cuándo soñábamos con propósito?

 LA MONTAÑA

El Crecimiento de lo Invisible

¿Cuándo la eternidad parecía cercana?

¿Cuándo la esperanza era más fuerte que el miedo?

Eso no se ha perdido. Solo está dormido. Y hoy quiero despertarlo.

Alma mía...

¿Te has detenido a visualizar la venida del Señor?

¿Has pensado en ese día?

¿Has sentido la gloria que se aproxima?

¿Has considerado que cada paso que damos nos acerca a ese encuentro?

Yo sí. Y por eso te inquieto. Por eso te hablo. Por eso te llamo.

No quiero que vivamos sin preparación. No quiero que caminemos sin dirección. No quiero que la visión se apague dentro de nosotros.

Necesitamos ordenar nuestras cargas. Necesitamos encender nuestro fuego. Necesitamos beber del agua viva. Necesitamos vestirnos de Cristo. Necesitamos levantar la bandera del Reino.

Porque, aunque tú te canses, yo sigo anhelando lo eterno. Y aunque tú te distraigas, yo sigo mirando hacia arriba. Y aunque tú te detengas, yo sigo llamándote a avanzar.

 LA MONTAÑA

El Crecimiento de lo Invisible

Alma mía...

No ignores esta voz. No apagues este impulso. No postergues lo que es eterno.

Jesús viene.

Y nosotros debemos prepararnos.

Yo estoy listo para caminar hacia la montaña. Solo necesito que tú despiertes. Que tú respondas. Que tú decidas.

Porque el día se acerca…y quiero que estemos preparados.

 LA MONTAÑA

El Crecimiento de lo Invisible

SUSURROS DEL ESPIRITU SANTO
Hijos míos... Yo Soy el que Pronto Volverá

La voz de Jesús recordando Su promesa y Su regreso

Hijo mío... escucha.
Mi voz no se ha apagado.
Mi palabra no ha cambiado.
Mi promesa no ha fallado.

Yo vengo pronto.

Lo dije cuando caminé entre ustedes,
lo confirmé cuando ascendí al cielo,
y lo sostengo hoy con la misma fidelidad eterna.

Yo no miento.

Todo lo que he hablado se cumplirá.
Todo lo que he decretado se manifestará.
Todo lo que anuncié en la tierra lo haré realidad en el tiempo señalado por mi Padre.

Cuando partí, mi corazón se entristeció por un momento,
porque dejaba a mis amigos,
a mis discípulos,
a mis amados.

Pero también me fui con gozo,
porque sabía que volvería por ustedes.

Y ahora regreso con alegría.
Regreso con gloria.

 LA MONTAÑA

El Crecimiento de lo Invisible

Regreso con amor.
Regreso para reencontrarme con aquellos que han creído,
que han esperado,
que se han preparado,
que han guardado mi palabra en su corazón.

No he olvidado a ninguno.
No he perdido a ninguno.

No he dejado de mirar sus pasos,
sus lágrimas, sus luchas,
sus victorias, sus silencios,
sus anhelos.

Yo he preparado lugar para ustedes.
Moradas eternas, llenas de luz,
llenas de paz,
llenas de mi presencia.

"Fui, pues, a preparar lugar para vosotros…"
y lo he hecho con mis propias manos,
con mi propio amor,
con mi propia vida entregada por ustedes.

No teman al tiempo.
No teman a la espera.
No teman a la noche.
Mi venida no se retrasa:
se acerca.

Y mientras llega ese día,

El Crecimiento de lo Invisible

quiero que su corazón permanezca despierto.
Quiero que su espíritu permanezca encendido.
Quiero que su alma permanezca firme.
Quiero que su vida permanezca preparada.

*Porque cuando venga,
vendré con gozo.
Vendré con recompensa.
Vendré con justicia.
Vendré con misericordia.
Vendré con brazos abiertos.*

*Yo soy fiel.
Yo soy verdad.
Yo soy el que viene.*

Y vengo por ustedes.

 LA MONTAÑA

El Crecimiento de lo Invisible

HABLANDO CON DIOS
Padre Victorioso, Gracias porque Jesús Viene Pronto...

Padre Victorioso...

"Dios Creador de los cielos y de la tierra,
hoy me presento delante de Ti con reverencia,
con gratitud,
con esperanza,
y con el corazón abierto."

"Gracias por recordarme, una vez más,
que Tu Hijo amado volverá.
Gracias porque Su venida no es un mito,
ni una idea humana,
ni una ilusión religiosa,
sino una promesa viva, firme y eterna
que salió de Tu corazón y de Tu boca."

"Gracias, Padre, por enviar a Jesús la primera vez,
para salvarnos,
para buscarnos,
para rescatarnos,
para mostrarnos Tu rostro y Tu amor."

"Y gracias porque lo enviarás nuevamente,
no en debilidad, sino en gloria;

no en silencio, sino con trompeta;
no para morir, sino para reinar."

"Hoy te doy gracias por el Espíritu Santo,
Tu presencia en nosotros,
Tu ayuda constante,
Tu consuelo en la espera,
Tu fuego que nos despierta,
Tu voz que nos guía,
Tu fuerza que nos sostiene."

"Gracias porque Él nos ha preparado,
nos ha corregido,
nos ha levantado,
nos ha enseñado a mirar hacia arriba
cuando la tierra nos quiere arrastrar hacia abajo."

Padre...

"mientras espero la venida de Tu Hijo,
quiero pedirte algo profundo:
prepara mi corazón.
Purifica mis intenciones.
Ordena mis prioridades.
Despierta mi espíritu.
Fortalece mi fe."

 LA MONTAÑA

*Hazme vivir con la mirada puesta en lo eterno
y los pies firmes en el camino de santidad.*

*"Que cuando Jesús venga,
me encuentre velando,
me encuentre creyendo,
me encuentre obedeciendo,
me encuentre amando,
me encuentre preparado."*

*"Gracias, Padre,
porque todo lo que has prometido se cumplirá.
Gracias porque Jesús viene.
Gracias porque el Reino se acerca.
Gracias porque no estoy solo en este camino:
Tú estás conmigo,
Tu Espíritu me acompaña,
y Tu Hijo volverá por mí."*

*En el Nombre de tu Hijo Amado, Jesús...
Amén.*

Capítulo 3

MI HISTORIA

LA PRUEBA DE LA VISION

El Compromiso de Materializar la Visión

"Dame, hijo mío, tu corazón, Y miren tus ojos por mis caminos."
(Proverbios 23:26)

Impulsado por tantos preparativos y por la espera, el día finalmente llego. Era 27 de julio de 1997. Me levante temprano, como de costumbre, para orar. Aquella mañana, mi corazón está alegre, lleno de expectativas. Después de tanto tiempo de preparación espiritual, ayuno y oración, el ascenso a la montaña estaba a punto de comenzar.

Preparé mi bolso con cada elemento de la lista. Verifiqué que todo estuviera en orden. Me vestí para el servicio dominical, y aparte llevé una muda de ropa para el ascenso. Aquel domingo, disfruté el culto como siempre: cantando, orando, escuchando la Palabra, reflexionando. Pero había algo distinto: una alegría profunda, una anticipación santa por lo que estaba por venir.

Después del servicio, como era costumbre, nos reunimos en casa de una hermana que siempre recibía a los jóvenes.

 LA MONTAÑA

Compartimos comida, diálogo, comunión. Era un ambiente hermoso, fraterno, lleno de gracia. En medio de esa alegría, comencé a buscar a los hermanos que me habían confirmado su participación en el ascenso. Aquellos con quienes había orado, soñado y planificado para el ascenso a la montaña.

Me acerqué al primero que encontré. Y con rostro serio, me dijo que no podría ir. Se le habían presentado inconvenientes. Mi corazón, que rebosaba de gozo, recibió una pequeña herida. No lo juzgué, pero algo cambió dentro de mí, el era uno a quien yo había visualizado junto a mi adorando a Dios en la cima de una montaña.

Fui al segundo. Le recordé que era hora de partir hacia el pie de la montaña. Y también me dio una excusa. No recuerdo cuál, porque mi mente no la procesó. Solo sentí otro golpe en el alma. Respiré hondo, me mantuve firme, y seguí buscando, diciéndome a mi mismo, ya son dos los que no irán.

Finalmente, todos los jóvenes que se habían comprometido conmigo me dieron razones para no ir. Todos. Absolutamente todos. Parecía una conspiración, pero no lo era. Nadie fue obligado. Nadie fue presionado. Solo compartí una visión, y ellos la habían abrazado. ¿Qué había cambiado?

La tristeza comenzó a ocupar el lugar de la alegría en mi corazón. La decepción se asomó. Subir la montaña acompañado es una cosa. Subirla solo, otra muy distinta. La fogata compartida se convirtió en una imagen solitaria. La visión tuvo que ajustarse. No era en grupo. Era solo. Un cambio pequeño en forma, pero grande en significado.

En medio de ese torbellino emocional, surgió una pregunta en mi interior: ¿Qué vas a hacer? ¿Vas a suspender el proyecto? ¿Dejarás de subir la montaña?

 LA MONTAÑA

La Prueba de la Visión

Dios me había confirmado que era su voluntad. Lo busqué en oración, en ayuno. Su voz fue clara. La fecha, el día, la hora... todo había sido confirmado. ¿Estaba jugando conmigo?

Comenzó un debate interno. Revisé cada paso. Todo estaba bien. Solo había un cambio inesperado: el ascenso no sería en grupo, sino en obediencia individual.

Cuando entendí esto, las emociones se disiparon. Ni tristeza, ni alegría. Solo conciencia. Reflexión. La visión fue ajustada en mi espíritu. Ya no veía rostros alrededor de la fogata. Solo me veía a mí, con Dios.

Y entonces, la pregunta decisiva: ¿Subirás?

No sé cómo explicarlo, pero respondí: Sí, Señor. Quiero subir. Quiero hacer tu voluntad.

Salí de aquella casa. No con tristeza. No decepcionado. Salí con propósito. Tomé un bus y me dirigí al pie de la montaña. El proceso del ascenso había comenzado. No con compañía humana, sino con la compañía del Espíritu Santo.

Era una excursión para el Espíritu Santo y yo, nadie más. Y yo había adquirido El Compromiso de Materializar la Visión.

"Dame, hijo mío, tu corazón, Y miren tus ojos por mis caminos."
(Proverbios 23:26)

LA MONTAÑA

La Prueba de la Visión

PERLAS PRECIOSAS
Las Pruebas como un Elemento Purificador

"En lo cual vosotros os alegráis, aunque ahora por un poco de tiempo, si es necesario, tengáis que ser afligidos en diversas pruebas, para que sometida a prueba vuestra fe, mucho más preciosa que el oro, el cual, aunque perecedero se prueba con fuego, sea hallada en alabanza, gloria y honra cuando sea manifestado Jesucristo,
(1 Pedro 1:6-7)

LAS EMOCIONES Y EL LLAMADO: *Alma y espíritu*

Como hemos venido enseñando, el ser humano fue creado por Dios como un ser tripartito: cuerpo, alma y espíritu. Cada dimensión cumple funciones específicas que se manifiestan en la vida del creyente y que deben ser comprendidas desde la revelación divina.

El cuerpo manifiesta la conducta del hombre: lo que hace, lo que dice, lo que otros pueden ver.

El alma es la fuente de emociones, pensamientos y deseos. Aunque invisibles, estos elementos se hacen perceptibles a través del cuerpo, influyendo en decisiones y comportamientos.

 LA MONTAÑA

La Prueba de la Visión

El espíritu, la parte que proviene de Dios, es el lugar donde nacen la fe, la esperanza y el amor. Es allí donde ocurre la comunión con el Padre y donde se recibe el llamado divino.

El llamado de Dios no ocurre en el alma, sino en el espíritu.

Dios nos llama desde lo profundo, y desde allí nos pide que le entreguemos nuestro corazón —es decir, nuestra alma— para que sea gobernada por Su voluntad.

"Dame, hijo mío, tu corazón, Y miren tus ojos por mis caminos."
(Proverbios 23:26)

El alma, representada en las Escrituras como el corazón, es la que da color y vida al hombre. Pero si está herida, rota o contaminada, ese color se torna gris, y puede convertirse en una influencia engañosa.

"Sobre toda cosa guardada, guarda tu corazón; Porque de él mana la vida."
(Proverbios 4:23)

"Engañoso es el corazón más que todas las cosas, y perverso; ¿quién lo conocerá?"
(Jeremías 17:9)

Por eso, las decisiones del creyente deben nacer desde el espíritu, no desde las emociones. Las emociones son pasajeras, cambiantes, sujetas a circunstancias.

Pero el espíritu, cuando está alineado con la Palabra de Dios, permanece firme y estable. No se trata de anular las emociones,

 LA MONTAÑA

pues Dios nos creó con ellas. Se trata de que no sean ellas quienes gobiernen nuestra vida.

Nuestro caminar debe estar guiado por lo que creemos, no por lo que sentimos. Cuando Dios llama, lo hace con claridad, sin engaños ni seducciones. No endulza lo amargo ni disfraza la cruz.

Jesús fue claro al enseñar el costo del llamado:

"Si alguno quiere venir en pos de mí, niéguese a sí mismo, tome su cruz, y sígame."
(Mateo 16:24)

TRES ACCIONES QUE DEFINEN EL LLAMADO

- ✓ **Negarse a sí mismo:** Es renunciar a la voluntad propia, someter las emociones al gobierno del Espíritu.
- ✓ **Tomar la cruz:** Es aceptar la incomodidad de la lucha interior, el peso de la obediencia.
- ✓ **Seguirle:** Es caminar en sumisión, guiados por el Espíritu Santo.

El llamado no se acepta por emoción, sino por convicción. No se responde desde lo que se siente, sino desde lo que se cree. Y esa convicción se convierte en compromiso:

Pase lo que pase, seguiré adelante.

Sienta lo que sienta, obedeceré.

LLAMADO INDIVIDUAL: *Compromiso y Responsabilidad*

Aunque la voluntad de Dios incluye la comunión entre hermanos, el llamado es profundamente personal.

La vida congregacional es necesaria y bíblica:

"no dejando de congregarnos, como algunos tienen por costumbre, sino exhortándonos; y tanto más, cuanto veis que aquel día se acerca."
(Hebreos 10:25)

Pero también lo es la intimidad individual con Dios. Jesús lo enseñó con claridad:

"Mas tú, cuando ores, entra en tu aposento, y cerrada la puerta, ora a tu Padre que está en secreto; y tu Padre que ve en lo secreto te recompensará en público"
(Mateo 6:6)

Así también, el llamado debe ser asumido con responsabilidad personal. No depende de la compañía, ni del respaldo humano, sino de la obediencia individual.

El ascenso a la montaña, como se vivió en el testimonio, no siempre será en grupo. A veces, será en soledad.

Pero si Dios lo ha confirmado, entonces la respuesta debe ser firme:

"Sí, Señor, subiré."

LA VISION SE PRUEBA: *El Fuego que Revela lo Verdadero*

Toda visión que proviene de Dios pasa por un proceso inevitable: la prueba.

LA MONTAÑA

La Prueba de la Visión

No como castigo, sino como refinamiento. No para destruir, sino para revelar. No para debilitar, sino para fortalecer.

"En lo cual vosotros os alegráis, aunque ahora por un poco de tiempo, si es necesario, tengáis que ser afligidos en diversas pruebas, para que sometida a prueba vuestra fe, mucho más preciosa que el oro, el cual aunque perecedero se prueba con fuego, sea hallada en alabanza, gloria y honra cuando sea manifestado Jesucristo,
(1 Pedro 1:6-7)

Así como el oro es purificado por el fuego, la visión es purificada por la prueba.

LA PRUEBA REVELA: La Motivación del Corazón

Mientras todo está a favor, cualquiera puede decir "sí, Señor". Pero cuando la compañía se desvanece, cuando los apoyos humanos fallan, cuando la emoción se apaga…es allí donde se revela qué tan profundo es el compromiso.

"El crisol para la plata, y la hornaza para el oro; Pero Jehová prueba los corazones."
(Proverbios 17:3)

LA PRUEBA SEPARA: *Lo Emocional de lo Espiritual*

La emoción puede iniciar un proyecto, pero solo la convicción lo sostiene.

 *La Prueba de la Visión*

La prueba elimina:

- La Euforia.
- La Dependencia Humana.
- La Motivación Superficial.
- La Búsqueda de Aprobación.

Y deja solo lo que es verdadero.

"He aquí que aquel cuya alma no es recta, se enorgullece; más el justo por su fe vivirá"
(Habacuc 2:4)

LA PRUEBA FORTALECE: *La Fe y la Esperanza*

La fe no crece en comodidad. La fe crece en tensión. La fe se expande cuando es desafiada.

"sabiendo que la prueba de vuestra fe produce paciencia."
(Santiago 1:3)

"Bienaventurado el varón que soporta la tentación; porque cuando haya resistido la prueba, recibirá la corona de vida, que Dios ha prometido a los que le aman"
(Santiago 1:12)

LA PRUEBA CONFIRMA: *Si Realmente estamos Entregados*

Muchos comienzan con entusiasmo.

Pocos perseveran cuando la visión se vuelve costosa.

 LA MONTAÑA

La Prueba de la Visión

Jesús lo dijo sin suavizarlo:

> *"El que no toma su cruz y sigue en pos de mí,*
> *no es digno de mí."*
> (Mateo 10:38)

La prueba responde una sola pregunta:

¿Estás dispuesto a seguir, aunque nadie más lo haga?

En mi historia, la prueba fue clara: la visión comenzó como un proyecto grupal, pero Dios la transformó en un llamado individual.

No para castigarme, sino para refinar mi obediencia.

 LA MONTAÑA

La Prueba de la Visión

INTIMIDAD

¿Caminare Solo Durante la Prueba?

Antes de avanzar, respira...
Este no es un espacio para correr, ni para analizarlo todo, ni para intentar entender la prueba desde la lógica.
Es un espacio para sentir lo que la prueba revela dentro de ti.

En este espacio, **INTIMIDAD** se convierte en un lugar donde podrás escuchar con claridad lo que sucede en tu interior cuando atraviesas el fuego que no destruye, sino que expone:
- Cuando el alma se quiebra.
- Cuando la emoción se apaga.
- Cuando la fe es probada.
- Y cuando Dios usa la prueba para mostrar lo que realmente hay dentro de ti.

Aquí escucharás:
- ✓ La voz del cuerpo, que siente el desgaste y la fragilidad.
- ✓ La voz del alma, que expresa cansancio, anhelos y temores.
- ✓ la voz del espíritu, que permanece firme aun cuando no entiende.
- ✓ Y la voz de Dios, que no grita... susurra paz, guía y propósito en medio del fuego.

 LA MONTAÑA

La Prueba de la Visión

Este no es un espacio de exigencia, sino de verdad. No es un espacio de juicio, sino de revelación. No es un espacio de soledad, sino de compañía divina.

INTIMIDAD, aquí, es el lugar donde tus voces internas se alinean con la verdad:

- ❖ Que la prueba no viene para destruirte, sino para purificarte.
- ❖ Que no caminas solo, aunque así lo sientas.
- ❖ Que el fuego revela lo que la comodidad oculta.
- ❖ Y que Dios está más presente en la prueba que en la calma.

En este espacio, Dios no te abandona... te acompaña.
No te exige... te sostiene.
No te acusa... te afirma.
No te deja en el fuego... te guía a través de él.

Bienvenido a **INTIMIDAD**.
El lugar donde tu interior aprende que en la prueba...

Dios siempre camina contigo.

 LA MONTAÑA

La Prueba de la Visión

DIALOGO INTERIOR
Cuando el espíritu del hombre anima al alma en la prueba

Alma mía... ven, siéntate un momento conmigo.

No quiero apresurarte. No quiero exigirte. Solo quiero hablarte con verdad y con ternura.

Te he visto cansada. Te he visto herida. Te he visto confundida por expectativas rotas, por promesas humanas que no se cumplieron, por caminos que no salieron como imaginabas.

Y quiero decirte algo que quizás has olvidado: no estás sola. Nunca lo has estado.

Yo, tu espíritu, he estado aquí todo este tiempo, esperando el momento en que quisieras escuchar, esperando que te detuvieras lo suficiente para sentir lo que realmente necesitas.

Alma mía...

Sé que te dolió cuando las personas se apartaron. Sé que te afectó cuando los planes cambiaron. Sé que te lastimó cuando la visión que imaginaste en compañía se transformó en un camino solitario.

Pero quiero que entiendas algo profundo: la soledad no fue abandono...fue refinamiento. Fue Dios separando el ruido para que pudieras escuchar Su voz con claridad.

 LA MONTAÑA

La Prueba de la Visión

No te estoy pidiendo que ignores lo que sientes. Tus emociones son reales. Tus lágrimas fueron sinceras. Tus expectativas eran legítimas. Pero tampoco quiero que vivas gobernada por ellas.

Yo, tu espíritu, he visto más lejos que tú. He sentido la dirección de Dios incluso cuando tú estabas confundida. He sostenido la visión cuando tú querías soltarla. He guardado la fe cuando tú estabas cansada.

Por eso hoy te hablo: para recordarte que la prueba no vino a destruirte, sino a purificarte. Para recordarte que la visión no murió, solo fue ajustada. Para recordarte que lo que Dios dijo sigue en pie.

Alma mía...

No temas al fuego. El fuego no vino a consumirte, vino a revelar lo que es verdadero. Vino a separar lo que era emoción de lo que es convicción. Vino a mostrar que la visión no dependía de otros, sino de Dios en ti.

Yo sé que te duele. Yo sé que te preguntas por qué. Yo sé que a veces quisieras volver atrás a cuando todo parecía más fácil.

Pero escucha esto: lo que Dios está haciendo en ti es más grande que tu comodidad. Es más profundo que tu expectativa. Es más hermoso que tu plan original.

Por eso te invito...descansa. Respira. Suelta lo que te pesa. Permite que Dios sane lo que tú no puedes tocar. Permite que Él te

 LA MONTAÑA

La Prueba de la Visión

muestre que la visión sigue viva, y que tú sigues siendo parte de ella.

Alma mía...

No te resistas. No te encierres. No te escondas.

Ven conmigo.

Caminemos juntos. Deja que el Padre te sane. Deja que Su amor te restaure. Deja que Su mano te prepare para lo que viene.

Porque lo que viene...es mayor que lo que perdiste. Y lo que Dios está formando en ti solo puede nacer en este lugar de intimidad.

 LA MONTAÑA

La Prueba de la Visión

SUSURROS DEL ESPIRITU SANTO
Hijo mío… Hija mía…Yo Soy Tu Refugio en la Prueba

Hijo… escucha.

Estoy aquí.
He estado contigo en cada paso, en cada silencio, en cada herida, en cada decisión.
Y hoy quiero hablarle a tu espíritu… y también a tu alma.

A tu espíritu…

Tú que has permanecido firme aun cuando el alma vaciló,
tú que guardaste la visión cuando las emociones se nublaron,
tú que escuchaste mi voz aun cuando el ruido alrededor era fuerte…

Recibe mis palabras:

Yo te sostengo.
Yo te fortalezco.
Yo te afirmo.
Yo te lleno de convicción.

No temas al proceso.
No temas al fuego.
No temas a la soledad.
La fe que he puesto en ti es más fuerte que cualquier prueba.

Tú naciste para creer.
Tú naciste para ver lo invisible.
Tú naciste para caminar por encima de lo que el alma siente.
Tú naciste para sostener la visión hasta que se cumpla.
Yo te doy firmeza.
Yo te doy claridad.

 LA MONTAÑA

La Prueba de la Visión

Yo te doy esperanza.
Yo te doy la fuerza para seguir subiendo,
aunque nadie más suba contigo.

No estás solo.
Yo camino contigo.
Yo hablo a tu interior.
Yo enciendo tu fuego.
Yo afirmo tu propósito.
Yo preparo tu corazón para lo que viene.

Permanece.
Resiste.
Cree.
Porque lo que te mostré... lo cumpliré.

A tu alma...

Alma amada...
yo también te hablo a ti.

Has cargado más de lo que debías.
Has llorado en silencio.
Has sentido el peso de expectativas rotas.
Has temido quedarte sola.
Has dudado de tu valor.
Has sentido que la visión era demasiado grande para ti.

Pero hoy te digo: Descansa. Respira. Suelta.

No necesitas entenderlo todo.
No necesitas controlarlo todo.
No necesitas cargar lo que no te corresponde.

 ## LA MONTAÑA

La Prueba de la Visión

Yo estoy sanando tus heridas.
Estoy tocando lo que nadie más pudo tocar.
Estoy restaurando lo que creías perdido.
Estoy ordenando lo que dentro de ti estaba dividido.

Confía en mí.
Confía en el proceso.
Confía en lo que estoy haciendo en tu interior.

No te resistas al espíritu.
Él no te exige... te guía.
Él no te presiona... te sostiene.
Él no te hiere... te alinea con mi voluntad.

Sujétate a él.
Permite que te conduzca.
Permite que te eleve.
Permite que te lleve a lugares donde tú sola no podrías llegar.

Yo estoy contigo.
Yo te abrazo.
Yo te sano.
Yo te restauro.
Yo te preparo.

A ambos... espíritu y alma

Los estoy uniendo.
Los estoy alineando.
Los estoy fortaleciendo.
Los estoy haciendo uno en mi propósito.
La visión no murió.
La fe no se apagó.
El llamado no cambió.
El proceso no fue en vano.

 LA MONTAÑA

La Prueba de la Visión

Yo estoy formando algo eterno en ti.
Algo que solo puede nacer en la intimidad.
Algo que solo puede crecer en la prueba.
Algo que solo puede brillar después del fuego.

Permanezcan juntos.
Caminen juntos.
Respiren juntos.
Obedezcan juntos.

Porque lo que viene...
es mayor que lo que dejaron atrás.
Y lo que estoy preparando...
supera todo lo que alguna vez imaginaron.

Yo soy el Espíritu Santo.
Y estoy con ustedes.
Siempre.

 LA MONTAÑA

La Prueba de la Visión

HABLANDO CON DIOS
Padre Bueno, Gracias por Acompañarme en las Pruebas

Padre Bueno...

"Dios de misericordia, de ternura y de verdad,
hoy vengo delante de Ti con un corazón abierto,
agradecido, consciente de lo que has hecho en mi interior."

"Gracias por tocar mi alma.
Gracias por entrar en lugares donde yo no sabía cómo entrar.
Gracias por sanar heridas que yo no podía nombrar,
por calmar emociones que me sobrepasaban,
por traer luz donde había confusión
y descanso donde había cansancio."

"Gracias porque no me dejaste en mis propias fuerzas.
Gracias porque no ignoraste mis lágrimas,
ni mis silencios,
ni mis luchas internas.
Tú viste cada parte de mí
y aun así me abrazaste con amor."

"Hoy te doy gracias por la restauración de mi alma.
Por la paz que estás sembrando,
por la claridad que estás trayendo,
por la libertad que estás formando.

 LA MONTAÑA

La Prueba de la Visión

*Gracias porque estás ordenando mis emociones,
alineando mis pensamientos
y renovando mi corazón."*

*"Y también te doy gracias por mi espíritu.
Por cómo lo has fortalecido,
por cómo lo has afirmado,
por cómo lo has llenado de fe, de esperanza y de convicción.
Gracias porque en medio de la prueba
Tú edificaste mi interior.
Gracias porque me enseñaste a creer más allá de lo que siento,
a caminar más allá de lo que veo,
a obedecer más allá de lo que entiendo."*

Padre...
*"Gracias por unir mi alma y mi espíritu en tu propósito.
Gracias por enseñarme a sujetar mis emociones a tu verdad,
y a dejar que mi espíritu, guiado por tu Espíritu Santo,
marque el rumbo de mi vida."*

*"Hoy te entrego mi interior una vez más.
Te entrego mis pensamientos, mis deseos, mis heridas, mis sueños.
Te entrego mi voluntad, mis decisiones, mis caminos.
Haz en mí lo que Tú quieras hacer.
Forma en mí lo que Tú quieras formar.
Completa en mí lo que Tú comenzaste."*

 LA MONTAÑA

La Prueba de la Visión

"Gracias, Padre,
por restaurar, por edificar, por sanar, por transformar.
Gracias porque no me sueltas,
no me dejas,
no me pierdes.
Gracias porque tu obra en mí continúa
y tu amor nunca falla."

En el nombre de Jesús...
Amén.

Capítulo 4

MI HISTORIA
AQUÍ ESTOY...DELANTE DE LA MONTAÑA
Uniéndome a la Visión

"Y habrá allí calzada y camino, y será llamado Camino de Santidad; no pasará inmundo por él, sino que él mismo estará con ellos; el que anduviere en este camino, por torpe que sea, no se extraviará."
(Isaías 35:8)

Reponiéndome del torbellino de emociones y de la profundidad de la decisión, llegue finalmente al sector donde se encontraba la montaña. Descendí del bus con mi pequeño bolso y todos mis implementos. Camine entre las casas del urbanismo hasta llegar al pie de aquel gigante natural que tantas veces había visto, pero que esta vez me esperaba de una manera distinta.

En el pasado, había subido esa misma montaña muchas veces, pero siempre acompañado. Subíamos por rutas conocidas, llegábamos a un río, nos bañábamos, comíamos, reíamos, y ...

descendíamos el mismo día. Era una excursión, un paseo, una aventura juvenil.

Pero esta vez era distinto.

Esta vez subía solo.

Solo… con el Espíritu Santo como compañía.

Mi destino no era un río natural, sino la fuente de agua de vida eterna: mi Dios Creador.

No regresaría el mismo día. Pasaría toda la noche en Su presencia.

Para llegar al pie de la montaña, debía atravesar un urbanismo de casas hermosas. Mientras caminaba, el escenario cambiaba lentamente: dejaba atrás el progreso humano —calles asfaltadas, bloques de cemento, rejas metálicas, autos, tuberías— y me internaba en lo natural, en lo que Dios creó desde el principio: árboles, ríos, vegetación, aves, silencio.

Era como pasar de un mundo construido por manos humanas a un santuario levantado por las manos de Dios.

Ya en el pie de la montaña, el camino era plano, sombreado por los árboles que me protegían del sol. El ambiente era agradable, cómodo, tranquilo. Caminaba cantando himnos que guardaba en mi memoria, y hablaba con el Espíritu Santo como si caminara a mi lado… porque así lo sentía, así lo creía, así lo vivía.

Mientras avanzaba, surgió un pensamiento que no había considerado en mis preparativos:

"¿Recordaré el camino que usábamos en el pasado para subir esta montaña?"

No era una montaña con rutas marcadas, ni señales, ni mapas.

 LA MONTAÑA

Aquí Estoy... Delante de la Montaña

Solo la subían quienes ya la conocían. Y yo, aunque la había recorrido antes, nunca fui líder del grupo. Nunca memoricé el camino. Solo seguía a quienes lo conocían.

Ese detalle nunca lo pensé. Nunca lo incluí en mis planes. Nunca lo puse en la lista de preparación.

Pero allí estaba yo, caminando con buen ánimo, con deseo y disposición de subir. No sabía si recordaría la ruta, pero sabía algo más importante: no estaba solo.

El Espíritu Santo me guiaba. Y eso era suficiente para mí.

Si Él me invitó a hacerlo, Él me ayudaría a lograrlo.

Y de esta manera, paso a paso, estaba Uniéndome a la Visión.

"*Y habrá allí calzada y camino, y será llamado Camino de Santidad; no pasará inmundo por él, sino que él mismo estará con ellos; el que anduviere en este camino, por torpe que sea, no se extraviará.*"
(Isaías 35:8)

LA MONTAÑA

Aquí Estoy... Delante de la Montaña

PERLAS PRECIOSAS

La Voluntad de Dios y las Emociones Manifiestas

"No todo el que me dice: Señor, Señor, entrará en el reino de los cielos, sino el que hace la voluntad de mi Padre que está en los cielos."
(Mateo 7:21)

En este espacio puntualizaremos algunos elementos que convergen y divergen cuando buscas hacer la voluntad de Dios. Entre estos tenemos: la diferencia de lo que edifica el hombre y lo creado por Dios, la paz que nace del espíritu, diferencias entre obediencia espiritual y sensacionalismo emocional y una antesala de lo que es caminar por fe.

DOS MUNDOS: *Lo que el Hombre Edifica y lo que Dios Crea*

Cuando dejé atrás el urbanismo y entré en la montaña, no solo cambié de paisaje: cambié de dimensión espiritual. El urbanismo representaba lo que el hombre construye para su comodidad: estructuras, sistemas, filosofías, religiones, métodos, creencias humanas. La montaña representaba lo que Dios creó para el

 LA MONTAÑA

Aquí Estoy... Delante de la Montaña

encuentro: lo eterno, lo puro, lo que no depende del hombre, lo que no se puede manipular.

Este contraste es bíblico desde Génesis: Abraham vivió en tiendas, dependiendo de Dios, caminando por fe.

"Por la fe habitó como extranjero en la tierra prometida, como en tierra ajena, morando en tiendas…"
(Hebreos 11:9)

Lot eligió ciudades, estructuras humanas, comodidad artificial.

"Y alzó Lot sus ojos… y escogió para sí toda la llanura del Jordán… y habitó en las ciudades de la llanura."
(Génesis 13:10–12)

➢ Uno caminó con Dios.
➢ El otro caminó hacia Sodoma.

Este contraste también es espiritual:

➢ Dios creó al hombre para adorarle a Él.
➢ El hombre creó otros dioses para adorarse a sí mismo.

"Se hicieron dioses ajenos… provocándome a ira."
(Deuteronomio 32:16)

➢ Dios reveló Su verdad.
➢ El hombre inventó filosofías para reemplazarla.

"Profesando ser sabios, se hicieron necios."
(Romanos 1:22)

LA MONTAÑA

Aquí Estoy... Delante de la Montaña

Cuando uno deja atrás lo construido por el hombre y entra en lo creado por Dios, el alma se despoja de lo superficial y se prepara para lo eterno.

LA PAZ: *Nace del espíritu, no del alma*

Cuando una persona comienza a caminar en la voluntad de Dios, experimenta un contraste radical. El que caminó por el mal camino y entra en el buen camino lo nota de inmediato.

Una de las primeras señales es la paz. Pero no una paz emocional, pasajera o sensorial. Es una paz que nace del espíritu y se derrama sobre el alma.

"Y la paz de Dios, que sobrepasa todo entendimiento, guardará vuestros corazones y vuestros pensamientos en Cristo Jesús"
(Filipenses 4:7)

El espíritu no tiene emociones humanas como el alma, pero sí transmite paz cuando está en comunión con Dios. Caminar en la voluntad de Dios produce alegría profunda, no euforia superficial:

entonces te deleitarás en Jehová; y yo te haré subir sobre las alturas de la tierra, y te daré a comer la heredad de Jacob tu padre; porque la boca de Jehová lo ha hablado"
(Isaías 58:14)

La creación misma responde al paso del justo:

"Los montes y los collados levantarán canción... y los árboles del campo darán palmadas de aplauso."
(Isaías 55:12)

LA MONTAÑA

Aquí Estoy... Delante de la Montaña

Y la protección divina rodea al que camina en Su voluntad:

"Entonces nacerá tu luz como el alba, y tu salvación se dejará ver pronto; e irá tu justicia delante de ti, y la gloria de Jehová será tu retaguardia"
(Isaías 58:8)

LA DIFERENCIA ENTRE OBEDIENCIA ESPIRITUAL Y SENSACIONALISMO EMOCIONAL

En mi historia, las emociones efervescentes desaparecieron en la prueba. La euforia se disipó. La emoción humana se apagó. Y lo que quedó fue paz, serenidad y obediencia.

Eso es lo que ocurre cuando la visión es verdadera: la emoción se va, la convicción permanece.

Hoy, muchos confunden la presencia de Dios con sensacionalismo emocional.

- Confunden el mover del Espíritu con un espectáculo.
- Confunden libertad con catarsis momentánea.

La Biblia lo confronta: Jesús denunció la adoración emocional sin transformación

"Este pueblo de labios me honra, más su corazón está lejos de mí."
(Mateo 15:8)

La verdad produce libertad, no sensaciones

"Y conoceréis la verdad, y la verdad os hará libres."
(Juan 8:32)

El Reino no es emoción, sino justicia, paz y gozo en el Espíritu

 LA MONTAÑA

Aquí Estoy... Delante de la Montaña

"El reino de Dios... es justicia, paz y gozo en el Espíritu Santo."
(Romanos 14:17)

La fe no se basa en sensaciones

"Porque por fe andamos, no por vista."
(2 Corintios 5:7)

El emocionalismo no transforma

"Tienen apariencia de piedad, pero niegan la eficacia de ella."
(2 Timoteo 3:5)

Muchos viven en un ciclo semanal:

- ❖ domingo: estímulo emocional,
- ❖ lunes a sábado: culpa, angustia, vacío,
- ❖ domingo otra vez: "medicamento emocional".

Y surge la pregunta inevitable:

¿Eso fue lo que Jesús quiso decir cuando habló de ser verdaderamente libres?

La respuesta es clara: no.

La libertad que Jesús ofrece no es emocional, es espiritual. No es momentánea, es permanente. No es sensorial, es transformadora.

CAMINAR POR FE: *No por Memoria – El Guía divino*

En mi historia, yo no recordaba la ruta. No tenía mapas. No tenía señales. No tenía compañía humana.

 LA MONTAÑA

Aquí Estoy... Delante de la Montaña

Pero tenía algo mayor: el Guía.

Jesús prometió al Guía perfecto: "El Consolador, el Espíritu Santo..."

"Mas el Consolador, el Espíritu Santo, a quien el Padre enviará en mi nombre, él os enseñará todas las cosas, y os recordará todo lo que yo os he dicho"
(Juan 14:26)

El Espíritu guía a los hijos de Dios

"Porque todos los que son guiados por el Espíritu de Dios, estos son hijos de Dios"
(Romanos 8:14)

El Espíritu guía a toda verdad

"Pero cuando venga el Espíritu de verdad, él os guiará a toda la verdad; porque no hablará por su propia cuenta, sino que hablará todo lo que oyere, y os hará saber las cosas que habrán de venir"
(Juan 16:13)

Dios dirige los pasos del justo

"Por Jehová son ordenados los pasos del hombre, Y él aprueba su camino"
(Salmo 37:23)

La claridad viene mientras avanzas

"Mas la senda de los justos es como la luz de la aurora, Que va en aumento hasta que el día es perfecto"
(Proverbios 4:18)

 LA MONTAÑA

Aquí Estoy... Delante de la Montaña

Caminar en el Camino de Santidad no es seguir rutas marcadas por hombres, sino senderos revelados por el Espíritu.

Caminar en el Camino de Santidad no es avanzar por señales visibles, sino por convicción invisible.

Caminar en el Camino de Santidad no es recordar el camino, sino confiar en quien lo conoce.

Aunque yo no memoricé la ruta, el Espíritu Santo sí la conocía.

Aunque no tenía compañía humana, tenía comunión divina.

Aunque no había certeza humana, había fe.

Y eso fue suficiente…

 LA MONTAÑA
Aquí Estoy... Delante de la Montaña

INTIMIDAD
¿Existe Emoción cuando Desarrollo la Visión?

Aquí Estoy... Entrando en lo que Dios Creó

Antes de avanzar, respira.
 Este no es un espacio para esforzarte, ni para analizarlo todo, ni para buscar emociones que validen tu proceso.
 Es un espacio para alinearte.

En este espacio, **INTIMIDAD** se convierte en un lugar donde podrás escuchar con claridad lo que sucede dentro de ti cuando decides dejar atrás lo que tú edificaste... para entrar en lo que Dios creó.
 Cuando la visión deja de ser emoción y se convierte en obediencia. Cuando el alma quiere sentir, pero el espíritu sabe avanzar.

Aquí escucharás:
- ✓ La voz del alma, que reconoce sus hábitos emocionales.
- ✓ La voz del espíritu, que se mantiene firme en la obediencia.
- ✓ La voz del hombre, que elige caminar por fe.
- ✓ Y la voz de Dios, que guía con una paz que no depende de sensaciones.

 LA MONTAÑA

Aquí Estoy... Delante de la Montaña

Este no es un espacio de lucha, sino de transición. No es un espacio de agotamiento, sino de claridad. No es un espacio de prueba, sino de orden interno.

INTIMIDAD, aquí, es el lugar donde tus voces internas se alinean con la verdad:

- ❖ Que lo construido por el hombre tiene un límite, pero lo creado por Dios permanece.
- ❖ Que la emoción cambia, pero la paz del espíritu sostiene.
- ❖ Que el sensacionalismo confunde, pero la obediencia ilumina.
- ❖ Que la fe no necesita ver... solo avanzar.

En este espacio, Dios no te exige... te orienta.
No te impresiona... te afirma.
No te sacude... te establece.

Bienvenido a **INTIMIDAD**.

El lugar donde tu interior aprende a caminar en lo que Dios creó.

 LA MONTAÑA

Aquí Estoy… Delante de la Montaña

DIALOGO INTERIOR
Cuando el Alma observa la paz en el espíritu del hombre

El alma hablando al espíritu del hombre…

El Alma… soy yo, la que siempre siente, la que siempre reacciona, la que siempre vibra.

Pero hoy… hoy estoy cansada, vacía y silenciosa.

La prueba me dejó sin fuerzas. Me apagó los colores. Me quitó el impulso. Y aunque normalmente me gusta explotar emociones, hoy no tengo energía para nada de eso.

Y mientras te observo, espíritu, me sorprendo.

Te vi superar la prueba sin depender de mí. Te vi mantenerte firme cuando yo me quebraba. Te vi avanzar cuando yo quería detenerme. Te vi dejar atrás lo que el hombre edifica para sumergirte en lo que Dios crea.

Y aunque para mis gustos te falta emoción, tengo que admitirlo: eres fuerte. Más fuerte de lo que imaginaba.

También he visto algo en ti que no está en mi repertorio. Algo que no sé producir. Algo que no sé imitar. Algo que no nace de mí. Lo escuché en el camino…lo llaman paz.

Esa serenidad tuya, esa calma que no depende de circunstancias, esa estabilidad que no se altera con el abandono, esa tranquilidad que no se rompe con la soledad…yo no la conozco.

 LA MONTAÑA

Aquí Estoy… Delante de la Montaña

No tengo ninguna emoción que se parezca a eso. Y sin embargo, tú la llevas dentro como si fuera tu naturaleza y me asombra.

Y hay algo más que he observado en ti: tu manera de obedecer.

Yo obedezco cuando me siento bien. Cuando estoy motivada. Cuando algo me emociona. Cuando todo fluye.

Pero tú…tú obedeces sin cuestionar. Obedeces sin exigir explicaciones. Obedeces sin esperar sensaciones. Obedeces porque estás alineado con el Espíritu de Dios. Y lo haces con esa paz que yo no puedo fabricar.

Espíritu…hoy te reconozco. Hoy te miro con otros ojos. Hoy entiendo que en este camino no soy yo quien debe guiar, sino tú.

Yo, el alma, estoy aprendiendo a callar, a descansar, a sujetarme, a dejar que seas tú quien marque el paso.

Porque lo que veo en ti…no es emoción. Es convicción. Es obediencia. Es fe. Es Dios.

Y aunque todavía no entiendo del todo esta paz que llevas, quiero caminar contigo. Quiero aprender de ti. Quiero dejarme guiar por esa luz que no nace de mí, sino del Espíritu Santo que te sostiene.

Hoy, alma y espíritu, comenzamos a caminar juntos.

Pero esta vez…tú vas adelante.

 LA MONTAÑA

Aquí Estoy... Delante de la Montaña

SUSURROS DEL ESPIRITU SANTO
Hijo mío... Yo Soy Tu Paz

El Espíritu Santo hablando al espíritu del hombre

Escucha y Acércate.

Quiero hablarte con la voz que no se oye con los oídos,
sino con la certeza que nace en lo profundo.

Has caminado con firmeza.
Has sostenido la visión cuando el alma se apagó.
Has permanecido en pie cuando las emociones se desvanecieron.
Y hoy quiero afirmarte, fortalecer lo que ya está en ti,
y encender lo que sembré desde el principio.

A ti, espíritu...

Tú que no dependes de sensaciones,
tú que no buscas aplausos,
tú que no necesitas estímulos para obedecer...

Yo te digo:

Sigue caminando.
Sigue creyendo.
Sigue avanzando.

No te detengas por lo que no ves.
No te confundas por lo que no recuerdas.
No te intimides por lo que no entiendes.

 LA MONTAÑA

Aquí Estoy... Delante de la Montaña

Yo soy tu Guía.
Yo soy tu Luz.
Yo soy tu Dirección.

Cuando el camino no esté marcado,
yo te marcaré el paso.
Cuando no recuerdes la ruta,
yo te la mostraré.
Cuando no tengas señales visibles,
yo seré tu señal interior.

Tú no caminas por memoria,
caminas por fe.
Y la fe que puse en ti
no es frágil,
no es emocional,
no es humana.

Es fe nacida de mi Espíritu.
Es fe que no se quiebra.
Es fe que no retrocede.
Es fe que no depende de compañía humana,
porque yo camino contigo.

Espíritu...yo te afirmo hoy:

Lo que el hombre construye se derrumba.
Lo que yo creo permanece.
Y tú has elegido caminar en lo que yo creo.

Por eso te digo: mantente firme.

 LA MONTAÑA

Aquí Estoy... Delante de la Montaña

No te distraigas.
No te compares.
No te detengas.

Lo que viene requiere tu fortaleza,
tu claridad,
tu obediencia,
tu convicción.

Y yo estoy contigo.
Yo te sostengo.
Yo te guío.
Yo te preparo.

A ambos... espíritu y alma

Los estoy alineando.
Los estoy uniendo.
Los estoy llevando al mismo ritmo.

El alma aprenderá a descansar.
El espíritu aprenderá a guiar.
Y juntos caminarán en el Camino de Santidad.

Yo soy el Espíritu Santo.

Y mientras subes esta montaña,
mientras avanzas hacia lo que te mostré,
mientras dejas atrás lo que el hombre edifica
y entras en lo que yo creé...

 LA MONTAÑA

Aquí Estoy... Delante de la Montaña
quiero que recuerdes algo:

No estás solo.
Nunca lo has estado.
Nunca lo estarás.

 LA MONTAÑA

Aquí Estoy... Delante de la Montaña
HABLANDO CON DIOS
Padre Eterno, Gracias Por tu Paz...

Padre Eterno...

"*Aquí estoy. Todo yo. No una parte, no un fragmento, no una emoción aislada. Aquí estoy con mi espíritu, con mi alma y con mi cuerpo, delante de Ti, como un hombre completo que se rinde a Tu presencia.*"

"*Mi espíritu se inclina ante Ti,
reconociendo que sin Tu aliento no podría sostenerse.
Tú lo fortaleciste en la prueba,
Tú lo afirmaste cuando el alma se apagó,
Tú lo llenaste de fe cuando no había señales visibles.*"

"*Hoy mi espíritu te adora con convicción,
con certeza,
con obediencia.
Gracias por guiar mis pasos,
por marcarme el camino,
por enseñarme a caminar por fe y no por memoria.*"

"*Mi alma también viene delante de Ti.
Cansada, sí...
pero dispuesta.
Herida, sí...*

 LA MONTAÑA

Aquí Estoy… Delante de la Montaña

pero abierta a ser sanada.

Vacía, sí…

pero lista para ser llenada con Tu paz."

"Gracias por tocar mis emociones,

por calmar mis pensamientos,

por ordenar mis deseos,

por enseñarme que la verdadera libertad no nace del sensacionalismo,

sino de la verdad que transforma.

Hoy mi alma se sujeta a Tu voluntad

y encuentra descanso en Tu presencia."

"Y mi cuerpo, Señor…

este cuerpo que camina, que sube montañas, que siente el cansancio,

también te pertenece.

Mis pasos son tuyos.

Mi fuerza es tuya.

Mi respiración es tuya."

"Gracias por sostenerme físicamente,

por darme energía cuando mis fuerzas se agotaban,

por acompañarme en cada tramo del camino.

Hoy presento mi cuerpo como sacrificio vivo,

santo y agradable a Ti."

LA MONTAÑA

Aquí Estoy... Delante de la Montaña

Padre...

"Recibe mi oración integral.
Recibe mi ser completo.
Recibe mi entrega total."

"Gracias por unir lo que dentro de mí estaba dividido.
Gracias por alinear mi espíritu, mi alma y mi cuerpo en un mismo propósito.
Gracias por enseñarme a caminar en lo que Tú creaste,
y no en lo que el hombre edifica.
Gracias por la paz que no nace de emociones,
sino de Tu Espíritu.
Gracias por la obediencia que no depende de sensaciones,
sino de convicción."

Hoy te digo:

"Aquí estoy.
Completo.
Íntegro.
Tuyo."

En el nombre de Jesús...
Amén.

LA MONTAÑA

La Invitación

CIERRE PROFÉTICO DE LA PRIMERA PARTE – LA INVITACION –

Has llegado al final de esta primera parte... y no es poca cosa. Lo que acabas de recorrer no es un capítulo más en un libro: es un umbral espiritual que has cruzado con valentía.

Hoy celebro tu camino...

- ✓ Celebro que te atreviste a mirar dentro de ti.
- ✓ Celebro que reconociste la semilla que Dios plantó en tu corazón.
- ✓ Celebro que escuchaste la invitación divina, aun cuando no entendías todo.
- ✓ Celebro que diste ese primer "sí", pequeño pero poderoso, que abre destinos.
- ✓ Celebro que aceptaste el llamado, la visión, el proyecto que Dios soñó para ti antes de que tú supieras que existía.

Has dejado atrás muchas cosas...

- ❖ Has dejado atrás la indiferencia.
- ❖ Has dejado atrás la confusión.
- ❖ Has dejado atrás la comodidad que te mantenía inmóvil.
- ❖ Has dado un paso hacia lo eterno.
- ❖ Has dicho: "Aquí estoy, Señor... quiero subir la montaña."

Y el cielo lo ha visto.

Ahora, proféticamente, declaro sobre ti:

- Eres alguien que responde al llamado.
- Eres alguien que reconoce la voz de Dios.
- Eres alguien que se atreve a comenzar.
- Eres alguien que no se quedará dónde estaba.
- Eres alguien que caminará hacia lo que Dios creó para ti.

 LA MONTAÑA

La Invitación

Pero este es solo el inicio. La Segunda Parte te espera: **EL PROCESO.**

Y aunque esa palabra a veces asusta, hoy te digo con autoridad espiritual: Tú puedes. Lo vas a lograr. Vas a pasar el proceso.

Dios estará contigo...

- ✓ Él te dará fuerzas.
- ✓ Él te revelará estrategias.
- ✓ Él te enseñará a caminar por fe.
- ✓ Él te afirmará paso a paso.

No temas lo que viene. No temas lo que Dios va a trabajar en ti. No temas lo que Él va a transformar.

El proceso no viene para destruirte, sino para formarte. No viene para quitarte, sino para alinearte. No viene para confundirte, sino para darte claridad.

Prepárate. Respira. Da el siguiente paso.

La montaña no se sube con emoción... se sube con obediencia.

Y tú ya comenzaste.

Bienvenido a la Segunda Parte.

El Proceso te espera... y tú estás listo.

"...Así ha dicho Jehová, Redentor tuyo, el Santo de Israel: Yo soy Jehová Dios tuyo, que te enseña provechosamente, que te encamina por el camino que debes seguir..."
(Isaías 48:17)

 LA MONTAÑA

El Proceso

SEGUNDA PARTE

– EL PROCESO –

La Escuela del Ascenso Hacia la Cima de la Montaña

Hay caminos que no se heredan... se aprenden.

Hay alturas que no se alcanzan siguiendo huellas ajenas... sino abriendo sendas nuevas. Y hay momentos en la vida donde Dios no solo invita a subir la montaña, sino que enseña cómo subirla: paso a paso, tramo a tramo, proceso tras proceso.

Esta Segunda Parte narra la formación interna del hombre que ya dijo "sí" a la invitación divina. No es un relato de emociones exaltadas ni de experiencias espectaculares. Es la historia profunda, honesta y transformadora de un hombre que aprende a discernir, a depender, a obedecer y a abrir camino donde no lo hay.

Aquí no se celebra la velocidad, sino la constancia. No se exalta la fuerza, sino la dependencia. No se busca la comodidad, sino la transformación. Porque en el ascenso espiritual, cada tramo revela algo del hombre... y algo de Dios.

Aquí comienza El Proceso. Aquí se forja el carácter. Aquí se aprende a caminar con Dios en terrenos desconocidos.

Lo que encontrarás en esta Segunda Parte:

Capítulo 5: Aprendiendo a Leer el Terreno – El despertar del discernimiento espiritual. La diferencia entre lo que se ve y lo que realmente es. El inicio del entrenamiento interior para interpretar el terreno del alma, del espíritu y del camino.

Capítulo 6: Dependiendo del Espíritu – La escuela de la dependencia absoluta. El momento donde la lógica deja de servir,

 LA MONTAÑA

El Proceso

la mente se confunde y solo el Espíritu puede guiar. La experiencia de caminar sin mapa, sostenido únicamente por la voz de Dios.

Capítulo 7: Obedeciendo sin Entender – La obediencia que no exige explicación. La revelación de las señales divinas. El aprendizaje de confiar en Dios aun cuando la carne tiembla, el alma duda y el espíritu no comprende.

Capítulo 8: Abriendo Camino con Dios – El nacimiento del pionero espiritual. El momento donde el camino desaparece y Dios ordena: "Abre camino donde no lo hay." La formación del carácter que no sigue rutas... sino que las crea.

Cada capítulo está compuesto por tres segmentos:

> **Mi Historia:** Un testimonio personal narrado con honestidad, donde la experiencia se convierte en maestro.
> **Perlas Preciosas:** Una enseñanza teológica, espiritual y práctica que ilumina lo vivido y revela el propósito del proceso.
> **Intimidad:** Un espacio sagrado donde las tres dimensiones del hombre dialogan y se alinean bajo la voz de Dios:
> ✓ **Diálogo Interior:** Cuerpo, alma y espíritu exponiendo su condición.
> ✓ **Susurros del Espíritu Santo:** El Espíritu Santo guiando, afirmando y revelando.
> ✓ **Hablando con Dios:** Una oración donde el hombre se rinde, se ajusta y se fortalece.

Esta no es una parte ligera. Es profunda. Es formativa. Es necesaria. Porque antes de conquistar la cima...hay que ser transformado en el camino.

Y antes de ver la gloria de Dios en lo alto...hay que aprender a caminar con Él en lo desconocido.

Capítulo 5

MI HISTORIA
APRENDIENDO A LEER EL TERRENO
Entre la Tierra y el Cielo

"porque estrecha es la puerta, y angosto el camino que lleva a la vida, y pocos son los que la hallan."
(Mateo 7:14)

Listo para dejar atrás la ciudad y sus cosas materiales, ya había comenzado el ascenso a la cima de la montaña. Me acompañaban el entusiasmo, la energía, las expectativas, la curiosidad. Mucho ánimo, mucho deseo, mucha determinación. Me encontraba realizando lo que había visualizado en mi mente.

Disfrutaba de cada paso que daba, de cada arbusto que contemplaba, de cada roca que se interponía en mi camino. Mis niveles de sensibilidad estaban al máximo. Todo lo que veía, lo que respiraba, lo que tocaba de la naturaleza, lo que escuchaba, me impresionaba profundamente. Lo estaba asimilando todo.

Pero también comencé a sentir cada gota de sudor y el cansancio que se acumulaba en mi cuerpo. Aunque mi entusiasmo

 LA MONTAÑA

seguía intacto, mi cuerpo comenzaba a resentir el esfuerzo. Cada paso consumía mi energía física.

Caminar en lo plano no exige demasiado, pero ascender hacia la cima sí requiere mucho más. La gravedad parecía conspirar contra cada paso, exigiendo fuerza para levantar los pies y seguir avanzando. Era una lucha contra la naturaleza física.

A medida que subía, observaba cómo cada paso me acercaba más a la meta, y al mismo tiempo me alejaba del pie de la montaña. Era como una ley inversa: cuanto más cerca del cielo, más lejos de la tierra; y cuanto más cerca de la tierra, más distante del cielo.

Seguía caminando, pero cada vez requería más esfuerzo. La velocidad también había cambiado. Al pie de la montaña, avanzaba con comodidad y rapidez. Ahora, iba más lento, más agotado, y cada paso demandaba más entrega.

El proceso de subir a la cima me estaba costando. Aún quedaba camino por recorrer, y debía entregar más... más de mí. Esto no va a ser nada fácil, pensé, es como un camino angosto entre la Tierra y el Cielo.

"porque estrecha es la puerta, y angosto el camino que lleva a la vida, y pocos son los que la hallan."
(Mateo 7:14)

LA MONTAÑA
Aprendiendo a Leer el Terreno

PERLAS PRECIOSAS
El Proceso de Comprender el Cambio de Terreno

"porque estrecha es la puerta, y angosto el camino que lleva a la vida, y pocos son los que la hallan."
(Mateo 7:14)

Pensar que la vida cristiana no requerirá esfuerzo es tan ilusorio como creer que subir una montaña será fácil. Jesús nunca disfrazó la realidad. Él habló con claridad sobre el Camino de Santidad, el camino que conduce a la vida.

En Mateo 7:13-14, Jesús nos da una instrucción que no es sugerencia, sino mandato lleno de amor: "Entrad."

Entrar implica transición, movimiento, renuncia, transformación.

Pero también nos dice por dónde entrar: "por la puerta estrecha."

Y una puerta estrecha nunca es sinónimo de comodidad.

Para entenderlo, pensemos en algo cotidiano:

Compras una nevera grande, hermosa, perfecta para tu hogar. Pero al llegar a casa, descubres que no cabe por la puerta.

 LA MONTAÑA

Aprendiendo a Leer el Terreno

La emoción se convierte en frustración. Giras el aparato, mides ángulos, desmontas puertas... haces lo que sea necesario.

¿La razón?

La puerta es estrecha. Y lo estrecho exige esfuerzo. Así es el Camino de Jesús.

Lucas 13:24 lo confirma:

"Esforzaos a entrar por la puerta angosta..."

No dice "inténtenlo", dice esforzaos. La vida cristiana no es pasiva. Es un camino que se recorre con entrega, disciplina y obediencia.

Jesús también nos advierte que el camino equivocado es fácil:

"Ancha es la puerta... espacioso el camino... muchos entran por él."

Lo fácil no transforma. Lo cómodo no purifica. Lo amplio no conduce a Dios.

Y añade una clave espiritual: "pocos son los que la hallan."

Muchos eligen lo fácil. Pocos eligen lo santo.

Esto se refleja en la vida diaria:

- ❖ Quienes dicen la verdad se distinguen de quienes justifican la mentira.
- ❖ Quienes guardan su cuerpo en santidad se separan de quienes viven en desorden.
- ❖ Quienes siembran en el Reino se diferencian de quienes siembran en tinieblas.
- ❖ Quienes ayudan al necesitado se oponen a quienes ignoran el dolor ajeno.

 LA MONTAÑA

Aprendiendo a Leer el Terreno

El camino que eliges se revela en la forma en que vives.

EL ESFUERZO QUE TRANSFORMA

Subir la montaña no es solo una metáfora del esfuerzo físico: es una revelación del proceso espiritual. Cada paso en el Camino Angosto es una renuncia al confort de lo terrenal y una afirmación del llamado celestial.

La gravedad que te jala hacia abajo representa: tentaciones, distracciones, deseos que buscan retenerte en lo plano.

Pero tú has decidido subir. Y esa decisión ya es adoración. El Camino Angosto no es un castigo. Es una invitación a la transformación.

Cada gota de sudor, cada paso lento, cada momento de cansancio es una ofrenda que asciende como incienso ante Dios.

La puerta estrecha no excluye, pero sí filtra. No rechaza, pero sí purifica. No impide el paso, pero sí exige entrega.

Y tú, que has comenzado este ascenso, estás siendo moldeado por el proceso.

 LA MONTAÑA
Aprendiendo a Leer el Terreno

INTIMIDAD
¿Estoy Dispuesto al Cambio de Terreno?

Antes de avanzar, respira...
Este no es un espacio para correr, ni para analizarlo todo con la mente, ni para intentar controlar lo que viene.
Es un espacio para discernir.

En este espacio, **INTIMIDAD** se convierte en un lugar donde podrás escuchar con claridad lo que sucede dentro de ti cuando Dios cambia el terreno bajo tus pies:
- Cuando lo que antes era plano ahora se vuelve inclinado.
- Cuando lo que parecía seguro se vuelve incierto.
- Cuando el camino exige una sensibilidad espiritual mayor que la que tenías antes.

Aquí escucharás:

- ✓ La voz del cuerpo, que percibe el cansancio y la resistencia ante un terreno nuevo.
- ✓ La voz del alma, que reacciona con emociones, memorias y temores.
- ✓ La voz del espíritu, que reconoce la guía del Espíritu Santo y se ajusta al cambio.

 LA MONTAÑA

Aprendiendo a Leer el Terreno

✓ Y la voz de Dios, que te enseña a leer el terreno con ojos espirituales.

Este no es un espacio de presión, sino de percepción. No es un espacio de exigencia, sino de sensibilidad. No es un espacio de confusión, sino de discernimiento.

INTIMIDAD, aquí, es el lugar donde tus voces internas se alinean con la verdad:

- ❖ Que el terreno cambia porque Dios te está elevando.
- ❖ Que lo que antes funcionaba ya no sirve para esta nueva altura.
- ❖ Que el discernimiento es la herramienta principal del ascenso.
- ❖ Y que solo quienes escuchan por dentro pueden avanzar por fuera.

En este espacio, Dios no te empuja… te prepara.
No te obliga… te guía.
No te deja a ciegas… te enseña a ver.
No te abandona… camina contigo mientras aprendes a leer el terreno.

Bienvenido a **INTIMIDAD**.
El lugar donde tu interior se ajusta al cambio…

y aprende a caminar en el terreno que Dios ha puesto delante de ti.

 LA MONTAÑA

Aprendiendo a Leer el Terreno

DIALOGO INTERIOR
Cuando el espíritu prepara al alma para el cambio

Alma mía...

Prepárate para el cambio que viene. No es un cambio para hacerte sufrir, ni un cambio para llenarte de placer. Es un cambio hacia el Camino de Santidad, un cambio que te llevará a recuperar todo lo que el pecado te robó.

El terreno que pisaremos será distinto. En él, tus heridas comenzarán a cerrarse y tus emociones serán restauradas. Aprenderás a sentir sin envidia, a callar sin remordimientos, a amar sin interés.

Este nuevo terreno no te aplastará...te formará.

Alma mía, escucha:

Yo, tu espíritu, me mantengo firme en la fe y en la esperanza. Pero para avanzar, necesito que camines conmigo. Necesito que no te resistas al ascenso. Necesito que no te aferres a lo plano cuando Dios nos llama a subir.

Por eso hoy te entrego a nuestro Creador. Él sabe cómo tratarte, cómo sanarte, cómo moldearte.

Confío en que te portarás bien en este trayecto, porque sé que dentro de ti hay más nobleza que miedo, más verdad que confusión, más propósito que pasado.

 LA MONTAÑA

Aprendiendo a Leer el Terreno

Juntos llegaremos a la cima. No será fácil, pero será glorioso.

Y para subir, alma mía, necesito todo de ti.

No para bajar...sino para ascender.

 LA MONTAÑA

Aprendiendo a Leer el Terreno

SUSURROS DEL ESPIRITU SANTO
Hijo Mío...Yo Soy Tu Ayudador

El Espíritu Santo le Habla a tu Espíritu y a tu Alma...

*He escuchado la conversación entre tu espíritu y tu alma.
Nada de lo que piensan me es oculto.
Conozco sus temores, sus anhelos, sus dudas y sus fuerzas.
Y hoy vengo a ustedes para decirles que en esta transición no estarán solos.*

*He estado con ustedes en lo plano,
cuando el terreno parecía fácil
y los pasos no exigían esfuerzo.
Y también estaré en lo inclinado,
cuando la subida se vuelva pesada
y el cansancio quiera hablar más fuerte que la fe.*

*He estado en sus momentos de alegría,
cuando el alma cantaba sin reservas.
Y también he estado en sus tristezas,
cuando el espíritu sostenía lo que el alma no podía cargar.*

*No duden de lo que viene.
El camino se pondrá más duro,
más inclinado,
más exigente.
Pero no se asusten por eso.
El Camino de Santidad siempre eleva,
y todo lo que eleva demanda esfuerzo.*

 LA MONTAÑA
Aprendiendo a Leer el Terreno

Yo estaré con ustedes.
Yo seré su fuerza cuando la suya se agote.
Yo seré su luz cuando el sendero se esconda.
Yo seré su ayudador en cada paso del ascenso.

Solo les pido una cosa:
no renuncien al camino.
No vuelvan atrás.
No se entreguen al cansancio.
No permitan que la gravedad del mundo
les robe la altura que ya han ganado.

Sigan subiendo.
Sigan creyendo.
Sigan avanzando.
Yo estoy con ustedes…
y no los dejaré.

 LA MONTAÑA

Aprendiendo a Leer el Terreno

HABLANDO CON DIOS
Padre Justo, Gracias por los Cambios...

Padre Justo...

"Hoy vengo delante de Ti con un corazón agradecido.
Gracias por tu fidelidad en cada etapa de mi vida,
en cada cambio de terreno,
en cada situación que enfrenté sin entender,
y en cada momento donde solo Tu mano me sostuvo."

"Reconozco que sin Tu ayuda
no habría sido posible superar tantos cambios,
tantas transiciones,
tantas subidas y descensos que marcaron mi historia.
Tú has sido mi fuerza cuando yo no tenía ninguna,
mi luz cuando el camino se oscurecía,
mi refugio cuando el alma se cansaba."

"Gracias porque prometes seguir acompañándome
en lo que me queda de camino.
Gracias porque no me dejas solo
cuando el terreno se inclina
y el ascenso exige más de mí."

"Sustenta a mi espíritu con fe cada día.
Renueva mis fuerzas cuando se agoten.

 LA MONTAÑA
Aprendiendo a Leer el Terreno

Limpia mi corazón de todo lo que no te honra.
Alinea mis pasos con Tu voluntad
y guarda mi alma en Tu paz."

Padre...

"No me sueltes de Tus manos.
Aun cuando yo me distraiga,
aun cuando me debilite,
aun cuando el terreno cambie otra vez,
no me sueltes."

"Quiero seguir subiendo contigo,
quiero permanecer en Tu camino,
quiero llegar a la cima que has preparado para mí."

"Gracias por ser fiel.
Gracias por ser mi Padre.
Gracias por caminar conmigo."

Amén.

Capítulo 6
MI HISTORIA
DEPENDIENDO DEL ESPIRITU
En Camino Desconocido

"*Porque mis pensamientos no son vuestros pensamientos, ni vuestros caminos mis caminos, dijo Jehová. Como son más altos los cielos que la tierra, así son mis caminos más altos que vuestros caminos, y mis pensamientos más que vuestros pensamientos.*"
(Isaías 55:8-9)

Expuesto por completo tras aceptar dar todo de mí, permanecí enfocado en la entrega que requería cada paso hacia la cima, caminando sin saber realmente por dónde lo hacía.

Confiaba plenamente en la guía del Espíritu Santo. Sin embargo, los recuerdos de mis anteriores ascensos a la montaña activaron en mi mente una lógica natural que comenzó a advertirme: "Estás en un camino diferente. Este no es el camino que siempre usas para subir. Este camino te llevará a un lugar distinto. Estás perdido."

 LA MONTAÑA

Dependiendo del Espíritu

Cada expresión parecía coincidir con la realidad que estaba experimentando. Encajaban perfectamente con lo que veía y sentía. Pero… ¿eran todas verdaderas?

"Estás en un camino diferente." Sí, era verdad. Comparé los caminos en mi memoria y confirmé que estaba en una ruta distinta.

"Este no es el camino que siempre usas para subir." También era cierto. Esta afirmación reforzaba la anterior.

"Este camino te llevará a un lugar diferente al que siempre llegas." Sí, era una conclusión lógica basada en las dos primeras verdades.

Hasta aquí, todo parecía coherente. Tres expresiones que se unían y reforzaban un aparente panorama de verdad.

Pero entonces llegó la cuarta: "Estás perdido."

Aquí algo cambió. Las tres primeras expresiones se referían al camino. Esta última hablaba de mí. Ya había aceptado las tres primeras como verdades, así que era fácil aceptar la cuarta… aunque no lo era.

Aceptar que estaba perdido implicaba que caminaba solo. Y si aún creía estar acompañado, entonces debía aceptar que mi guía también estaba perdido. Esa declaración me envolvía en una serie de implicaciones muy serias que contradecían lo que realmente creía en mi corazón.

Este análisis lo hice después de vivir la experiencia. En el momento, no sabía discernir ni analizar lo que sucedía. Pero sí hacía algo: confiaba en Dios.

Así que cuando mi mente intentaba engañarme —o el enemigo susurraba confusión— solo se me ocurrió una cosa: orar. Me detuve un momento, respiré, descansé y hablé con Dios.

 LA MONTAÑA

Dependiendo del Espíritu

Le dije con sinceridad: "Señor, siento que estoy en un camino diferente. Este no es el camino que siempre uso para subir la montaña. No sé a dónde me llevará. Me siento perdido."

Y en su amor, Dios me respondió por medio de su Espíritu Santo: "…Mis pensamientos no son tus pensamientos, ni mis caminos tus caminos. Déjate guiar y confía en mí, porque te llevaré a un lugar más alto del que acostumbras y más hermoso de lo que podrías imaginar."

Dios me enseñó que debía confiar plenamente en Él, en su dirección, y no dudar. Después de esa oración, me dispuse a seguir caminando… seguir subiendo hacia la cima de la montaña, aun cuando estaba en Camino Desconocido.

"Porque mis pensamientos no son vuestros pensamientos, ni vuestros caminos mis caminos, dijo Jehová. Como son más altos los cielos que la tierra, así son mis caminos más altos que vuestros caminos, y mis pensamientos más que vuestros pensamientos."
(Isaías 55:8-9)

LA MONTAÑA

Dependiendo del Espíritu

PERLAS PRECIOSAS

Los Caminos de Dios Son Diferentes a mis Caminos

"Porque mis pensamientos no son vuestros pensamientos, ni vuestros caminos mis caminos, dijo Jehová. Como son más altos los cielos que la tierra, así son mis caminos más altos que vuestros caminos, y mis pensamientos más que vuestros pensamientos."
(Isaías 55:8-9)

En la vida cristiana, en el ministerio, y en los proyectos que vienen de Dios, siempre llegarán momentos de dudas. Estas dudas surgen de pensamientos basados en grandes verdades, pero contaminados con pequeñas mentiras que buscan entorpecer nuestro caminar.

Estos pensamientos se infiltran de forma sigilosa, capaces de atrapar incluso al más experimentado en lo espiritual. Esto ocurre por varios factores:

- ✓ La mente ha sido entrenada para funcionar con una lógica determinada.
- ✓ La mente se ha acostumbrado a una racionalidad natural.
- ✓ La mente tiende a comparar lo conocido con lo desconocido.
- ✓ La mente intenta explicar lo espiritual desde lo natural.

LA MONTAÑA

Dependiendo del Espíritu

✓ Y, sobre todo, La mente desea controlar y gobernar.

Cuando el hombre crece desconociendo las verdades de Dios, estructura su mente según su experiencia y conocimiento. Esto lo lleva a tomar decisiones basadas en su propia lógica, que luego se reflejan en su conducta y comportamiento.

Todos los que hemos sido llamados por Dios venimos de esa condición. Algunos con mayor profundidad, pero todos hemos sido trasladados de las tinieblas a la luz admirable de Cristo.

Por eso, todos enfrentaremos esa confrontación con nuestra mente. Y todos necesitamos recibir esta palabra revelada por medio del profeta Isaías:

"Porque mis pensamientos no son vuestros pensamientos, ni vuestros caminos mis caminos, dijo Jehová..."

Esta expresión revela una diferencia profunda entre lo que hay en nosotros y lo que hay en Dios. No solo muestra distinción, sino oposición: *"tus... no son mis."* Y lo afirma con autoridad: *"dijo Jehová."*

Y lo hace por amor. Nos revela esta condición para que podamos identificarla y transformarla.

Luego, nos invita a confiar:

"Como son más altos los cielos que la tierra, así son mis caminos más altos que vuestros caminos..."

Es una invitación amorosa a dejarnos guiar por Él, garantizándonos que su dirección nos llevará más alto que cualquier ruta propia.

Y finalmente, nos da una tercera revelación:

"Así será mi palabra que sale de mi boca; no volverá a mí vacía..."

Dios compara su Palabra con la lluvia y la nieve que descienden del cielo y producen fruto. Así también, su Palabra transforma la mente, cambia la forma de pensar, y, por consiguiente, modifica las decisiones, la conducta, el comportamiento... y finalmente, el camino y el destino del hombre.

Esto lo comprendió profundamente el apóstol Pablo, por eso escribió:

"Así que, hermanos, os ruego por las misericordias de Dios, que presentéis vuestros cuerpos en sacrificio vivo, santo, agradable a Dios, que es vuestro culto racional. No os conforméis a este siglo, sino transformaos por medio de la renovación de vuestro entendimiento..." (Romanos 12:1-2)

Y también enseñó a los creyentes en Éfeso:

"En cuanto a la pasada manera de vivir, despojaos del viejo hombre... y renovaos en el espíritu de vuestra mente..." (Efesios 4:22-24).

EJEMPLO DE LO QUE ESTORBA EN LA MENTE

Ya hemos afirmado que la transformación del ser humano comienza con la acción de la Palabra de Dios en su interior. Pero quizás te preguntes cómo se manifiesta esa renovación en la vida práctica.

¿Cómo se transforma una mente natural en una mente espiritual?

 LA MONTAÑA

Dependiendo del Espíritu

¿Cómo se transita del pensamiento humano al pensamiento de Cristo?

Aquí te presento algunos ejemplos de las cosas que estorban en la mente, las cuales debemos renunciar para que así pueda ser renovada:

La Mente Enseñada a Funcionar con una Lógica Determinada

La lógica del mundo y la lógica del Reino de los Cielos operan bajo principios distintos. Ambas se sustentan en leyes, pero sus fundamentos son opuestos.

La lógica natural afirma que no puedes caminar sobre el mar, porque la ley de la gravedad establece que todo cuerpo es atraído hacia el centro de la tierra según su peso. Y esto, desde la perspectiva física, es una verdad irrefutable.

Pero en el mundo espiritual, existen leyes superiores.

"Nada hay imposible para Dios." (Lucas 1:37)

"En Dios haremos proezas." (Salmos 60:12)

Y tenemos el testimonio de Pedro, quien caminó sobre las aguas por mandato de Jesús (Mateo 14:22–33). Lo que era imposible en lo natural, se volvió posible en lo espiritual.

La renovación de la mente comienza cuando dejamos de pensar según la lógica del mundo, y empezamos a creer según la

 LA MONTAÑA

Dependiendo del Espíritu

lógica del Reino. Lo que antes era impensable, ahora se convierte en camino. Lo que antes era límite, ahora es oportunidad.

La Mente Acostumbrada a una Racionalidad de lo Natural

La racionalidad es la capacidad de pensar y decidir según la razón y la evidencia. La costumbre es el patrón que se repite hasta convertirse en estilo de vida.

El hombre natural, no alimentado por la Palabra, vive atrapado en una racionalidad limitada por lo físico. Sus decisiones, sus hábitos, sus reacciones están regidas por lo que ve, lo que toca, lo que entiende.

Pero cuando la mente se alinea con la Palabra de Dios, comienza a operar bajo principios sobrenaturales. Las decisiones ya no se basan en lo visible, sino en lo revelado. Y la costumbre deja de ser natural para volverse espiritual.

Así ocurrió con Moisés:

- ✓ Encuentro con Dios en la zarza (Éxodo 3)
- ✓ Señales y plagas (Éxodo 4–12)
- ✓ Milagros sobre la naturaleza (Éxodo 14)
- ✓ Maná del cielo (Éxodo 16)
- ✓ Agua de la roca (Éxodo 17)

Lo sobrenatural se volvió costumbre. La repetición de milagros fue fruto de una mente transformada por la presencia de Dios.

Entonces, no te acostumbres a lo natural. Acostúmbrate a vivir lo sobrenatural.

 LA MONTAÑA

Dependiendo del Espíritu

La Mente que Compara lo Conocido con lo Desconocido

La mente del hombre que desconoce las leyes del Reino intentará explicar lo espiritual desde lo natural. Y eso lo llevará a la confusión, al error, a la pérdida.

Una cosa es usar parábolas para ilustrar verdades espirituales. Otra muy distinta es depender de lo natural como fundamento para comprender lo eterno.

Lo espiritual es infinito. Lo natural, limitado. Lo espiritual se concibe en una dimensión superior. Desde lo espiritual se entiende lo natural, pero desde lo natural no se puede entender lo espiritual.

Por eso Pablo escribió:

"El hombre natural no percibe las cosas que son del Espíritu de Dios, porque para él son locura..." (1 Corintios 2:14)

"Mas nosotros tenemos la mente de Cristo." (1 Corintios 2:16)

Tener la mente de Cristo es pensar desde lo eterno, actuar desde lo sobrenatural, y discernir desde el Espíritu.

Pedro lo vivió cuando, ante un hombre cojo de nacimiento, no ofreció limosna, sino sanidad. (Hechos 3:1–10). La historia de aquel hombre fue revertida por una mente que ya no pensaba como hombre, sino como Cristo.

Prepárate para esa transición. Deja atrás la mente natural. Recibe la mente de Cristo. Y verás cómo la gloria de Dios se manifiesta en tu vida con señales y prodigios.

 LA MONTAÑA

Dependiendo del Espíritu

La Mente que Quiere Controlar y Gobernar

En el mundo natural, es normal que el intelecto gobierne las decisiones. La lógica, la evidencia, la experiencia... todo se organiza para mantener el control.

Y desde la perspectiva humana, eso no es malo. Es lo esperado. Pero en el Reino de Dios, los parámetros cambian. Lo que es bueno en lo natural, puede ser un obstáculo en lo espiritual.

Cuando la mente natural intenta gobernar la vida espiritual, limita la expansión del Reino en nosotros. La lógica humana no puede administrar lo eterno. Por eso, debe ser sometida.

Pablo lo entendió, y por eso escribió:

"Llevando cautivo todo pensamiento a la obediencia a Cristo."
(2 Corintios 10:5)

Someter la mente es quitarle el control. Es rendirla ante la Palabra. Es reconocer que no está capacitada para gobernar lo espiritual.

Por eso Jesús enseñó el mandamiento más importante:

"Amarás al Señor tu Dios con todo tu corazón, con toda tu alma, con toda tu mente y con todas tus fuerzas."
(Marcos 12:30)

Entrégale tu mente. Entrégale tus pensamientos. Y verás cómo el Reino se establece en ti.

 LA MONTAÑA

Dependiendo del Espíritu

INTIMIDAD

¿Quieres Andar en los Caminos de Dios?

Antes de avanzar, respira...
　Este no es un espacio para controlar, ni para entenderlo todo, ni para apoyarte en tu propia lógica.
　Es un espacio para depender.

　En este espacio, **INTIMIDAD** se convierte en un lugar donde podrás escuchar con claridad lo que sucede dentro de ti cuando Dios te invita a caminar por caminos que no conoces:
- Cuando la ruta no está trazada.
- Cuando la mente no comprende.
- Cuando el alma se inquieta.
- Y cuando el Espíritu Santo se convierte en tu única brújula.

Aquí escucharás:

- ✓ La voz del cuerpo, que siente inseguridad ante lo desconocido.
- ✓ La voz del alma, que busca certezas, explicaciones y señales visibles.
- ✓ La voz del espíritu, que reconoce la guía del Espíritu Santo y se rinde a ella.

✓ Y la voz de Dios, que te llama a confiar más allá de tu entendimiento.

Este no es un espacio de prisa, sino de entrega. No es un espacio de análisis, sino de confianza. No es un espacio de autosuficiencia, sino de dependencia espiritual.

INTIMIDAD, aquí, es el lugar donde tus voces internas se alinean con la verdad:

- ❖ Que los caminos de Dios no se entienden… se obedecen.
- ❖ Que la lógica humana tiene límites, pero la guía del Espíritu no.
- ❖ Que caminar sin mapa no es irresponsabilidad, sino fe.
- ❖ Y que solo quienes dependen del Espíritu pueden avanzar en terrenos desconocidos.

En este espacio, Dios no te confunde… te guía.
No te abandona… te acompaña.
No te exige certezas… te ofrece dirección.
No te pide que entiendas… te pide que confíes.

Bienvenido a **INTIMIDAD**.
El lugar donde tu interior aprende a andar en los caminos de Dios…

aunque no los conozcas todavía.

 LA MONTAÑA

Dependiendo del Espíritu

DIALOGO INTERIOR
Conversación entre el Alma y el espíritu frente al Camino

espíritu mío...

Hoy soy yo, tu alma, quien te habla con amor y ternura. Te he visto mantener la fe cuando el terreno cambió, te he visto sostener la esperanza cuando la lógica quiso derrumbarte, y por eso hoy quiero hablarte con sinceridad y cuidado.

Conozco tus fuerzas, pero también conozco tus riesgos. He visto cómo la mente intenta confundirte, cómo la lógica quiere imponerse, cómo la costumbre busca arrastrarte hacia lo conocido para evitar el temor de lo desconocido.

Pero recuerda, espíritu mío...

Nuestro Dios no se mueve en la lógica del hombre. Sus caminos son más altos, sus pensamientos más profundos, su dirección más perfecta que cualquier razonamiento natural.

En tiempos pasados tú me hablaste a mí. Me invitaste a dar todo de mí para subir esta montaña. Me diste ánimo, me diste advertencia, me enseñaste a confiar más allá de mis emociones.

Y ahora, con el mismo amor con el que tú me hablaste, yo también quiero hablarte a ti...

 LA MONTAÑA

Dependiendo del Espíritu

No dejes de confiar en Dios. No permitas que la mente robe lo que el Espíritu te ha revelado. No permitas que la lógica limite lo que Dios quiere hacer. No permitas que la costumbre te encierre en lo que ya conoces.

Obedece más allá de tu entendimiento. Obedece más allá de tu análisis. Obedece más allá de tu lógica. Obedece a ciegas, como Él quiere que lo hagamos, porque Él nunca falla, nunca se equivoca, nunca pierde el rumbo.

Espíritu mío...

Yo estoy contigo en este Camino Desconocido. Y aunque no entendamos todo, sabemos que Dios sí lo entiende. Así que sigamos subiendo juntos, tú guiando, yo obedeciendo, y Dios sosteniéndonos a ambos.

 LA MONTAÑA

Dependiendo del Espíritu

SUSURROS DEL ESPIRITU
Hijos míos... Yo Soy El Camino

El Espíritu Santo Habla al Espíritu del Hombre...

He escuchado tu diálogo con el alma.
He visto tu esfuerzo por mantenerte firme
cuando el camino cambió sin avisar,
cuando la lógica quiso imponerse,
cuando la mente intentó gobernar lo que solo Yo puedo dirigir.

Hoy vengo a hablarte con claridad y con amor.

Aprende a confiar en Dios más de lo que confías en tu mente.
La mente analiza, compara, calcula...
pero Yo conozco el camino completo.
La lógica te muestra lo que ves,
pero Yo te revelo lo que no ves.
La razón te limita,
pero Mi Espíritu te expande.

No te apoyes en tu entendimiento.
No permitas que la costumbre te encierre
en lo que ya conoces.
No permitas que la lógica te robe
la dirección que Yo te estoy dando.

Mis caminos no se explican,
se obedecen.
Mis pensamientos no se comprenden primero,
se reciben primero.
Mi guía no se discute,
se sigue.

 LA MONTAÑA

Dependiendo del Espíritu

Espíritu mío...
no temas al Camino Desconocido.
Yo estoy en él.
Yo lo tracé.
Yo lo sostengo.
Yo lo ilumino paso a paso.

Confía en mí más que en tus conclusiones.
Confía en mí más que en tus recuerdos.
Confía en mí más que en tu experiencia.
Confía en mí más que en tu lógica.

Yo te llevaré a lugares más altos
de los que tu mente podría imaginar.
Yo te conduciré por sendas que tus ojos no han visto.
Yo te mostraré lo que solo se revela
a quienes caminan por fe.

Solo te pido esto:
no vuelvas atrás.
No regreses al terreno conocido
solo porque tu mente quiere sentirse segura.
Sigue avanzando.
Sigue creyendo.
Sigue dependiendo de mí.

Yo soy tu Guía.
Yo soy tu Luz.
Yo soy tu Camino en lo desconocido.

 LA MONTAÑA

Dependiendo del Espíritu

HABLANDO CON DIOS

Padre Bondadoso, Gracias por Enseñarme el Camino...

Padre Bondadoso...
"Hoy vengo delante de Ti con gratitud.
Gracias por mostrarme el camino correcto
cuando mi mente quiso confundirme,
cuando la lógica quiso detenerme,
cuando mis pensamientos intentaron llevarme por rutas que no venían de Ti."

"Gracias porque, aun cuando no entendía,
Tú estabas guiando mis pasos.
Gracias porque no me dejaste creer la mentira de que estaba perdido.
Gracias porque me recordaste que Tus caminos son más altos,
y que Tus pensamientos son más profundos que los míos."

"Hoy te agradezco por hablar a mi espíritu
en medio del Camino Desconocido.
Gracias por enseñarme a confiar más en Tu voz
que en mis conclusiones.
Más en Tu dirección
que en mi experiencia.
Más en Tu Palabra
que en mi lógica."

 LA MONTAÑA

Dependiendo del Espíritu

Padre...

"*Gracias por llevarme por sendas que yo no habría elegido,
pero que Tú preparaste para llevarme más alto.
Gracias por sostenerme cuando dudé,
por corregirme cuando me confundí,
por animarme cuando quise detenerme.*"

Hoy te digo con sinceridad:

"*Quiero seguir confiando en Ti.
Quiero obedecerte más allá de lo que entiendo.
Quiero caminar por fe y no por vista.
Quiero depender de Tu Espíritu
en cada paso de este camino que aún no conozco.*"

"*Limpia mi mente de todo pensamiento que no viene de Ti.
Alinea mi corazón con Tu voluntad.
Fortalece mi espíritu para seguir subiendo.
Y no permitas que me aparte del sendero que Tú trazaste para mí.*"

"*Gracias, Padre,
por ser mi guía, mi luz, mi seguridad,
y mi camino en lo desconocido.*"

Amén.

Capítulo 7

MI HISTORIA
OBEDECIENDO SIN ENTENDER
La Señal que Marca el Rumbo

"*Y daré prodigios arriba en el cielo,
Y señales abajo en la tierra,
Sangre y fuego y vapor de humo;*"
(Hechos 2:19)

Y mientras el sol ardía con intensidad sobre mí, igual que mi determinación por seguir subiendo la montaña, la Palabra de Dios aclaro mis dudas y después de eso me encontré sorpresivamente ante una encrucijada.

En la montaña, la lluvia y el viento suelen formar caminos naturales, como si la propia creación escribiera rutas sobre la tierra. Y allí estaba yo, frente a dos senderos: uno a la derecha, otro a la izquierda. No había más opciones. Ambos caminos parecían iguales. No había señales humanas, ni marcas visibles que indicaran la voluntad de Dios.

 LA MONTAÑA

Obedeciendo Sin Entender

Sabía que la dirección debía venir del Señor. Así que, sin confiar en mi apreciación visual, cerré los ojos y oré: "Señor mi Dios, mándame una señal que yo pueda reconocer como tuya, para seguir caminando en tu voluntad. En el nombre de Jesús, tu Hijo amado. Amén."

Al abrir los ojos, algo maravilloso sucedió. Un ave apareció, cantando y volando hacia el camino de la derecha. Su canto era como una invitación, como si dijera: "Por aquí es."

Para quienes viven en el mundo natural, esta experiencia puede parecer absurda. Pero para quienes caminan en lo espiritual, es perfectamente comprensible. Yo había orado. Dios respondió. Y usó una criatura de su creación para guiarme.

Le creí a Dios. Y seguí caminando por la Señal que Marca el Rumbo.

"Y daré prodigios arriba en el cielo,
Y señales abajo en la tierra,
Sangre y fuego y vapor de humo;"
(Hechos 2:19)

 LA MONTAÑA
Obedeciendo Sin Entender

PERLAS PRECIOSAS
Las Señales de Dios que Confirman

*"Y daré prodigios arriba en el cielo,
Y señales abajo en la tierra,
Sangre y fuego y vapor de humo;"*
(Hechos 2:19)

Para algunos creyentes que aún no han recorrido toda la Escritura, el tema de las señales puede parecer extraño o incluso innecesario.

"Si escuchas la voz de Dios —podrían decir— ¿por qué pedir una señal?"

Otros podrían cuestionar que Dios use animales o elementos de la naturaleza para hablar. Pero la Biblia, cuando se escudriña con profundidad, revela algo maravilloso:

Dios ha usado señales desde la creación misma para guiar, advertir, confirmar y dirigir al hombre.

Las señales no son un invento moderno ni una ocurrencia emocional.

- ✓ Son parte del lenguaje divino.
- ✓ Son expresiones de la soberanía de Dios.

✓ Son herramientas que Él usa para alinear nuestro rumbo con Su voluntad.

DIOS ESTABLECE SEÑALES DESDE EL PRINCIPIO

La Escritura registra múltiples momentos donde Dios coloca señales con propósitos específicos.

Veamos algunas:

❖ Protección contra la muerte (Génesis 4:15) (Éxodo 12:13)
❖ Recordatorio del pacto (Génesis 9:12-17)
❖ Evidencia del pacto (Génesis 17:11)
❖ Identificación del Mesías (Isaías 7:14)
❖ Anuncio del día del juicio (Mateo 24:30)
❖ Determinación de días y años (Génesis 1:14)
❖ Confirmación de llamado (Jueces 6)

Estas señales no fueron casuales. No fueron supersticiones. No fueron coincidencias. Fueron acciones deliberadas de Dios para comunicar Su voluntad.

Y así como Dios estableció señales por iniciativa propia, también respondió a señales solicitadas por hombres que buscaban dirección.

Pero siempre, siempre bajo Su soberanía. Dios no está obligado a responder señales. Pero cuando lo hace, lo hace con propósito, con amor y con precisión divina.

 LA MONTAÑA

Obedeciendo Sin Entender

TIPOS DE SEÑALES: *El Lenguaje Multiforme de Dios*

Dios puede usar cualquier elemento de Su creación para hablar. La Biblia lo demuestra una y otra vez:

- El arco iris como señal del pacto (Génesis 9:12)
- La circuncisión como señal de identidad (Génesis 17:11)
- La columna de nube para guiar (Éxodo 13:21-22)
- La columna de fuego para iluminar (Éxodo 13:21-22)
- La sangre como señal de protección (Éxodo 12:13)
- El tiempo detenido o retrocedido (2 Reyes 20:8-11) (Josué 10:12-14)

Es impresionante. Dios puede modificar lo que creemos inamovible. Puede alterar lo que pensamos que es absoluto. Puede usar lo natural para revelar lo sobrenatural.

Si Dios puede detener el sol, retroceder la sombra, abrir el mar, formar columnas de fuego, o pintar un arco en el cielo...

¿Por qué habría de parecer extraño que use un ave para marcar un rumbo?

LA SEÑAL QUE MARCA EL RUMBO: *Más que un Evento, una Lección*

La señal no es solo un acto. Es una enseñanza. Cuando Dios envía una señal, está diciendo:

- ✓ "No confíes en tu vista."
- ✓ "No dependas de tu lógica."
- ✓ "No te apoyes en tu experiencia."
- ✓ "No decidas por costumbre."
- ✓ "No avances por intuición humana."

 LA MONTAÑA

Obedeciendo Sin Entender

La señal es un recordatorio de que el camino de Dios no se discierne con la mente, sino con el espíritu. Por eso, obedecer una señal divina es un acto de humildad. Es reconocer que Dios ve lo que nosotros no vemos. Es aceptar que Su dirección es más alta que nuestra comprensión. Es caminar por fe, no por vista.

LA OBEDIENCIA QUE NO NECESITA EXPLICACIÓN

La señal no siempre será espectacular. No siempre será un milagro visible. A veces será un susurro, un movimiento, un detalle, un ave que canta y vuela en la dirección correcta.

Lo importante no es la forma. Lo importante es la obediencia.

Porque en el Reino de Dios, la obediencia abre caminos que la lógica jamás podría trazar.

Después de ver todo esto…

¿todavía parece extraño que Dios use un ave para guiarte?

Si Él gobierna el cielo, la tierra, el tiempo, la naturaleza y la historia…

¿cómo no habría de gobernar también tu camino?

LA MONTAÑA
Obedeciendo Sin Entender

INTIMIDAD

¿Se han Manifestados las Señales ante ti?

Antes de avanzar, respira.
 Este no es un espacio para correr, ni para exigir señales, ni para intentar descifrarlo todo con la mente.
 Es un espacio para discernir.

En este espacio, **INTIMIDAD** se convierte en un lugar donde podrás escuchar con claridad lo que sucede dentro de ti cuando Dios decide hablarte a través de señales:
- Cuando la carne pide confirmación.
- Cuando el alma busca seguridad.
- Cuando el espíritu reconoce la voz de Dios.
- Y cuando la obediencia se vuelve más importante que la explicación.

Aquí escucharás:

- ✓ La voz del cuerpo, que se inquieta ante lo desconocido.
- ✓ La voz del alma, que desea certezas visibles y rápidas.
- ✓ La voz del espíritu, que permanece firme en la instrucción recibida;
- ✓ Y la voz de Dios, que guía con señales que no buscan impresionar, sino dirigir.

 LA MONTAÑA

Obedeciendo Sin Entender

Este no es un espacio de ansiedad, sino de atención. No es un espacio de confusión, sino de claridad. No es un espacio de duda, sino de obediencia.

INTIMIDAD, aquí, es el lugar donde tus voces internas se alinean con la verdad:

- ❖ Que Dios habla como Él quiere, no como tú esperas.
- ❖ Que las señales no son para entretener al alma, sino para afirmar el rumbo del espíritu.
- ❖ Que la carne pide pruebas, pero la fe responde con obediencia.
- ❖ Y que cuando Dios marca el camino, no necesitas entender… solo avanzar.

En este espacio, Dios no te manipula… te guía.
No te impresiona… te instruye.
No te confunde… te ilumina.
No te deja a la deriva… te muestra el rumbo con precisión divina.

Bienvenido a **INTIMIDAD**.
El lugar donde tu interior aprende a reconocer las señales de Dios…

y a obedecer aun cuando no entiendas todo.

 LA MONTAÑA

Obedeciendo Sin Entender

DIALOGO INTERIOR
Cuando el cuerpo observa la Incredulidad del espíritu

espíritu… ven, siéntate un momento conmigo. Hasta ahora no había hablado, pero de aquí en adelante hablare…

espíritu…

Hoy soy yo, tu cuerpo (la Carne), quien te habla. No vengo con fuerza, ni con valentía, ni con sabiduría. Vengo con lo que tengo: temor, cansancio e inseguridad.

Tú caminas por fe, el alma camina por emoción, pero yo… yo camino por lo que veo, por lo que toco, por lo que entiendo. Y cuando el camino se divide en dos, cuando no sé hacia dónde ir, cuando no puedo confiar en mis sentidos, me lleno de miedo.

Por eso pedí una señal. No porque dude de Dios, sino porque dudo de mí. No porque no crea en Su voz, sino porque mis fuerzas son pocas y mis límites son muchos.

espíritu…

Yo no entiendo la locura de tu fe. No comprendo cómo avanzas sin ver. No entiendo cómo obedeces sin entender. No sé cómo sigues subiendo cuando el terreno se vuelve incierto.

 LA MONTAÑA

Obedeciendo Sin Entender

El alma siente, tú crees, pero yo... yo necesito algo que pueda reconocer. Algo que me dé seguridad. Algo que me diga: "Sí, este es el camino."

Por eso pedí una señal. Porque no confío en mis emociones, ni en mis conclusiones, ni en mi lógica.

Y aunque no lo parezca, yo también quiero llegar a la cima. Solo que necesito ayuda.

espíritu...

Cuando Dios envió el ave, cuando su canto marcó el rumbo, algo dentro de mí descansó. No porque entendí, sino porque reconocí que Dios también piensa en mí, en mi debilidad, en mis temores, en mis limitaciones.

Así que hoy te digo:

Guíame tú. Yo seguiré tus pasos. No soy fuerte, pero quiero obedecer. No soy valiente, pero quiero avanzar. No soy espiritual, pero quiero llegar.

Solo te pido esto:

Cuando el camino vuelva a dividirse, cuando la lógica vuelva a temblar, cuando mis fuerzas vuelvan a fallar... no me dejes atrás.

Llévame contigo. Y si es necesario, pídele a Dios otra señal. Porque, aunque yo no entienda, sí quiero obedecer.

 LA MONTAÑA

Obedeciendo Sin Entender

SUSURROS DEL ESPÍRITU SANTO

Hijo mío... Hija mía...Yo Soy el que te Envía Señales

El Espíritu Santo Habla a la Carne

Carne...
  Yo sé que el espíritu está dispuesto,
  pero también sé que tú eres débil.

Has sido golpeada por el engaño de las emociones del alma,
  herida por la incredulidad del espíritu
  cuando él mismo no entendía mis caminos.

Llevas marcas visibles, cicatrices que nadie ve,
  pesos que pocos reconocen,
y dentro de ti habita una naturaleza pecaminosa
  que siempre quiere más, que nunca se sacia,
  que siempre busca su propio camino.

Por eso hoy te hablo con verdad.

No te prometo restaurarte,
porque tú no fuiste diseñada para ser restaurada.
  Fuiste diseñada para ser crucificada.
  Para ti no hay esperanza de perfección,
    solo esperanza de sujeción.

Tu victoria no está en cambiar,
  sino en rendirte.
Tu libertad no está en fortalecerte,
  sino en someterte.

Pero escucha esto con atención:
  aunque tu destino presente es la cruz,

LA MONTAÑA

Obedeciendo Sin Entender

tu destino eterno es la transformación.

Serás cambiada de materia corruptible
a materia incorruptible.
De naturaleza manchada
a naturaleza pura y limpia.
De debilidad temporal
a gloria eterna.

Por eso hoy te doy una señal.
No porque la merezcas,
sino porque es necesario continuar.
Es necesario avanzar. Es necesario obedecer.

Pero recuerda esto: debes estar sujeta al espíritu en todo tiempo.

No puedes guiar,
no puedes decidir,
no puedes gobernar.

Tu lugar es seguir,
no dirigir.
Tu función es obedecer,
no opinar.

Carne...

si te sometes,
si te rindes,
si caminas detrás del espíritu,
yo te llevaré a la cima.

Y un día,
cuando todo esto termine,
te vestiré de inmortalidad.

 LA MONTAÑA

Obedeciendo Sin Entender

HABLANDO CON DIOS
Padre Protector, Gracias por Enviarme Señales

Padre Protector...*Hoy vengo delante de Ti con un corazón agradecido*...

"Gracias por revelarme lo que hay dentro de mí,
por mostrarme la verdad de mi espíritu,
la fragilidad de mi alma
y la debilidad de mi carne.
Gracias por no dejarme caminar engañado,
por iluminar mis sombras internas
y por enseñarme quién soy realmente delante de Ti."

"Gracias por mostrarme el camino correcto
cuando mis ojos no podían distinguirlo.
Gracias por guiarme aun cuando yo no entendía,
por corregir mi rumbo cuando la lógica quiso desviarme,
y por recordarme que Tus caminos son más altos
que cualquier pensamiento humano."

"Hoy te agradezco por la señal que enviaste.
Gracias por usar lo sencillo para hablarme,
por usar lo natural para revelar lo sobrenatural,
por usar una criatura de Tu creación
para marcar el rumbo que debía seguir.
Gracias porque respondiste a mi oración

 LA MONTAÑA

Obedeciendo Sin Entender

y me disté una señal que pude reconocer como Tuya."

Padre...
*"Gracias por tener paciencia con mi carne,
por comprender su temor,
por atender su inseguridad,
por hablarle con verdad y con amor.
Gracias porque aún en su debilidad
Tú la tomaste en cuenta
y le diste una señal para que pudiera continuar."*

Hoy te digo:
*"Quiero seguir obedeciéndote, aunque no entienda,
quiero seguir caminando, aunque no vea,
quiero seguir confiando, aunque no comprenda.
Enséñame a depender de Tu Espíritu
más que de mi lógica,
más que de mis emociones,
más que de mis sentidos."*

*"Gracias, Padre,
por guiarme, por hablarme,
por corregirme, por sostenerme,
y por enviarme la señal que marcó mi rumbo."*

En el nombre de Jesús...Amén.

Capítulo 8

MI HISTORIA
ABRIENDO CAMINOS CON DIOS
Cuando No Hay Sendero

"Así dice Jehová, el que abre camino en el mar, y senda en las aguas impetuosas; el que saca carro y caballo, ejército y fuerza; caen juntamente para no levantarse; fenecen, como pábilo quedan apagados. No os acordéis de las cosas pasadas, ni traigáis a memoria las cosas antiguas. He aquí que yo hago cosa nueva; pronto saldrá a luz; ¿no la conoceréis? Otra vez abriré camino en el desierto, y ríos en la soledad."
(Isaías 43:16-19)

Tocado por la señal de Dios manifestada en un ave, seguí mi ascenso. La marcha era lenta pero constante. Mi cuerpo se agotaba, mi energía se desvanecía y mi ropa estaba empapada por el sudor. La inclinación de la montaña aumentaba, exigiendo más esfuerzo de mis piernas. Pero no me detenía.

A esa altura, los árboles habían desaparecido. Solo quedaban arbustos, lo que permitía ver más claramente la cima. Sin embargo, los cruces de caminos confundían la orientación. Desde lejos, una montaña parece sencilla.

LA MONTAÑA

Abriendo Caminos Con Dios

Pero cuando estás dentro de ella, la perspectiva cambia. Lo que los espectadores no ven, el caminante lo vive.

Había atravesado muchas etapas sin entender su propósito. Solo viví la experiencia. Pero con los años, Dios me reveló progresivamente lo que había hecho y por qué. Aún quedaban muchas lecciones por aprender.

De pronto, el camino se acabó. No había llegado a la cima, pero no había más sendero. Frente a mí, solo arbustos. Sin trilla a la derecha ni a la izquierda. ¿Me equivoqué? ¿La señal del ave fue falsa? ¿Estoy inventando todo?

Las preguntas me invadieron. Pero hice lo que había aprendido a hacer: oré. Le pregunté a Dios qué debía hacer. Y Él me respondió: "Abre camino donde no lo hay."

Abrir camino significaba caminar sobre los arbustos, aplastar cada rama, cada planta, cada obstáculo. El peso de mi cuerpo formaría una nueva senda. Así avancé, como un tractor espiritual, formando un camino virgen. Nadie había pasado por allí. Y eso me hizo sentir especial. Amado. Guiado.

Aunque mi cuerpo estaba exhausto, mis emociones se reabastecieron y aprendí lo hermoso que es abrir caminos Cuando No Hay Sendero.

"Así dice Jehová, el que abre camino en el mar, y senda en las aguas impetuosas; el que saca carro y caballo, ejército y fuerza; caen juntamente para no levantarse; fenecen, como pábilo quedan apagados. No os acordéis de las cosas pasadas, ni traigáis a memoria las cosas antiguas. He aquí que yo hago cosa nueva; pronto saldrá a luz; ¿no la conoceréis? Otra vez abriré camino en el desierto, y ríos en la soledad."

(Isaías 43:16-19)

PERLAS PRECIOSAS
El Abrir Caminos, Aprender, Emprender

"Así dice Jehová, el que abre camino en el mar, y senda en las aguas impetuosas; el que saca carro y caballo, ejército y fuerza; caen juntamente para no levantarse; fenecen, como pábilo quedan apagados. No os acordéis de las cosas pasadas, ni traigáis a memoria las cosas antiguas. He aquí que yo hago cosa nueva; pronto saldrá a luz; ¿no la conoceréis? Otra vez abriré camino en el desierto, y ríos en la soledad."
(Isaías 43:16-19)

ABRIR CAMINO DONDE NO LO HAY: *Renovación, Revelación y Reaprendizaje*

En la psicología moderna existe una analogía muy conocida para explicar cómo se forman los hábitos en el cerebro. Se dice que cuando una persona aprende algo y lo repite, se crean surcos, canales, caminos neuronales que conectan una neurona con otra.

Ese camino, al repetirse, se convierte en un hábito.

Y cuando se quiere dejar un hábito viejo y adquirir uno nuevo, la reprogramación neurolingüística enseña que es necesario cerrar el surco antiguo y abrir uno nuevo.

Abrir un camino nuevo requiere esfuerzo, constancia y repetición. Pero una vez que se establece, se vuelve natural.

Ahora bien...

¿De dónde salió esta analogía?

¿Fue inspirada por estudios psicológicos?

¿O fue tomada – consciente o inconscientemente – de la Biblia?

No podemos afirmarlo con certeza. Pero sí podemos observar algo fascinante:

- ✓ Primero, La psicología como ciencia formal surge en el siglo XIX.
- ✓ Segundo, Antes de eso, la psicología estaba dentro de la filosofía griega (Platón, Aristóteles, etc.), alrededor del año 400 a.c.
- ✓ Tercero, Y el libro de Isaías fue escrito entre los años 745 y 680 a.C.

Es decir:

Isaías habló de abrir caminos más de 300 años antes de que existiera la psicología filosófica, y más de 2.500 años antes de la psicología científica.

Y cuando leemos Isaías 43:18-19, algo sorprendente ocurre:

"No os acordéis de las cosas pasadas, ni traigáis a memoria las cosas antiguas. He aquí que yo hago cosa nueva; pronto saldrá a luz; ¿no la conoceréis? Otra vez abriré camino en el desierto, y ríos en la soledad."

Este texto contiene una estructura espiritual que coincide profundamente con la estructura psicológica del aprendizaje.

Y aquí es donde entran los 6 puntos fundamentales que revelan al Dios como el mejor Psicólogo del planeta.

1-. DIOS TRABAJA CON CAMINOS: *espirituales, emocionales y mentales*

Cuando Dios dice: *"No traigas a memoria lo antiguo"*, está hablando de un proceso mental: cerrar un camino viejo.

Cuando dice: *"Yo hago cosa nueva"*, está hablando de un proceso espiritual: abrir un camino nuevo.

Cuando dice: *"Otra vez abriré camino en el desierto"*, está hablando de un proceso emocional: volver a aprender lo que se perdió.

Dios está describiendo neuro plasticidad espiritual miles de años antes de que la ciencia la nombrara.

2-. DIOS USA EL LENGUAJE DEL APRENDIZAJE

"No recordar lo viejo" es cerrar un surco.

"Hacer algo nuevo" es abrir un surco.

"¿No lo conoceréis?" es aprender un camino nuevo.

"Ríos en la soledad" es transformar un terreno árido en un terreno fértil.

Dios está diciendo:

"Voy a reprogramar tu manera de caminar conmigo."

 LA MONTAÑA

3-. DIOS RECONOCE EL DESGASTE EMOCIONAL DEL HOMBRE

En Isaías 43, Dios repite frases como:

- ✓ "No temas."
- ✓ "Yo estoy contigo."
- ✓ "Eres de gran estima."
- ✓ "Eres honorable."
- ✓ "Eres amado."
- ✓ "Yo te redimí."
- ✓ "Yo te amé."

Este es un lenguaje de regulación emocional, de acompañamiento, de reafirmación, de sanidad interior.

Dios no solo abre caminos externos. Abre caminos internos.

4-. DIOS SE PRESENTA COMO EL QUE ABRE CAMINOS IMPOSIBLES

Isaías 43:16 dice:

"Yo soy el que abre camino en el mar, y senda en las aguas impetuosas."

Esto no es metáfora.

Es identidad.

Dios está diciendo:

"Abrir caminos es parte de quién soy."

5-. EL APRENDIZAJE ESPIRITUAL ES UN REAPRENDIZAJE DEL DISEÑO ORIGINAL

Cuando Dios dice: *"Otra vez abriré camino"*,

está diciendo: *"Hubo un camino original entre tú y Yo. Lo perdiste. Pero lo voy a abrir de nuevo."*

Esto conecta con la historia del hombre:

En el principio, el hombre caminaba con Dios. El pecado rompió ese camino. El hombre aprendió a vivir sin Dios. Jesús abrió el camino de regreso.

El Espíritu Santo enseña al hombre a caminar otra vez con Dios.

Es el mayor aprendizaje que existe.

6-. ABRIR CAMINO DONDE NO LO HAY ES UN ACTO ESPIRITUAL, PSICOLÓGICO Y EMOCIONAL

Cuando Dios te dice: *"Abre camino donde no lo hay"*, está diciendo:

- Cierra el surco viejo. Abre uno nuevo.
- No recuerdes lo antiguo. Aprende lo que viene.
- No dependas de tu lógica. Depende de mí guía.
- No temas la soledad. Yo haré ríos donde tú ves desierto.

Abrir camino donde no lo hay es:

- ✓ un acto espiritual (obediencia)
- ✓ un acto psicológico (reaprendizaje)
- ✓ un acto emocional (confianza)

 LA MONTAÑA

- ✓ un acto físico (esfuerzo)
- ✓ un acto profético (crear lo que no existe)
- ✓ un acto de identidad (eres hijo del Dios que abre caminos)

La psicología descubrió los surcos del cerebro. Pero Dios ya hablaba de caminos, sendas, memoria, olvido, renovación y aprendizaje miles de años antes.

Cuando Dios te dice: *"Abre camino donde no lo hay"*, te está invitando a vivir el mayor aprendizaje de tu vida…

…volver a caminar con Él como en el principio.

 LA MONTAÑA

Abriendo Caminos Con Dios

INTIMIDAD

¿Estás Dispuesto a Abrir Caminos?

Aquí Estoy... Entrando en lo que Dios Creó

Antes de avanzar, respira...
　Este no es un espacio para esforzarte, ni para analizarlo todo, ni para buscar emociones que te impulsen.
　Es un espacio para alinearte.

En este espacio, **INTIMIDAD** se convierte en un lugar donde podrás escuchar con claridad lo que sucede dentro de ti cuando Dios te llama a abrir caminos:
- Cuando ya no se trata de seguir rutas conocidas.
- Cuando el terreno no tiene huellas previas.
- Cuando tu obediencia se convierte en el sendero que otros caminarán después.

Aquí escucharás:

- ✓ La voz del cuerpo, que siente el peso de avanzar sin referencias.
- ✓ La voz del alma, que recuerda sus hábitos emocionales y busca seguridad.

- ✓ La voz del espíritu, que se mantiene firme en la instrucción recibida;
- ✓ Y la voz de Dios, que guía con una paz que no depende de sensaciones, sino de propósito.

Este no es un espacio de lucha, sino de transición. No es un espacio de agotamiento, sino de claridad. No es un espacio de prueba, sino de orden interno.

INTIMIDAD, aquí, es el lugar donde tus voces internas se alinean con la verdad:

- ❖ Que abrir caminos exige dejar atrás lo que tú edificaste.
- ❖ Que lo creado por Dios permanece más allá de tus fuerzas.
- ❖ Que la emoción cambia, pero la paz del espíritu sostiene.
- ❖ Que la obediencia ilumina donde la lógica no alcanza;
- ❖ Y que la fe no necesita ver… solo avanzar.

En este espacio, Dios no te exige… te orienta.
No te impresiona… te afirma.
No te sacude… te establece.
No te envía solo… camina delante de ti abriendo el camino.

Bienvenido a **INTIMIDAD**.
El lugar donde tu interior aprende a avanzar en lo que Dios creó…

y a abrir caminos que otros jamás se atreverían a iniciar.

 LA MONTAÑA

Abriendo Caminos Con Dios

DIALOGO INTERIOR

Cuando el espíritu y el alma se juntan para abrir caminos

Cuerpo, Alma y Espíritu en el Punto de Quiebre...

El Cuerpo dice:

Espíritu... alma... ya no puedo más. Mis piernas tiemblan, mi respiración arde, mi fuerza se está apagando. Cada paso pesa como si llevara piedras encima.

No quiero seguir caminando. No quiero subir más. Estoy cansado... agotado... vencido.

El Alma dice:

Yo tampoco estoy bien. No tengo ánimo, no tengo alegría, no tengo canciones dentro de mí. Me siento vacía, como si la subida hubiera exprimido mis emociones. No sé si quiero seguir. No sé si puedo seguir. Estoy triste... y no sé por qué.

El espíritu dice:

No crean que yo estoy fuerte. También tengo dudas. No entiendo por qué el camino se acabó. No entiendo por qué no hay sendero. No entiendo por qué Dios nos trajo hasta aquí solo para dejarnos frente a arbustos y silencio. Estoy confundido...y no sé qué hacer.

 LA MONTAÑA

Un silencio profundo los envuelve a los tres...

Los tres están allí: cansados, desanimados, confundidos. No es un caos violento, es un caos suave, un caos que se siente como un susurro de derrota.

Hasta que...

El espíritu dice:

Esperen...acabo de escuchar algo. No es mi voz. No es mi pensamiento. No es mi lógica. Es la voz del Espíritu de Dios. Él dijo: *"Abran camino donde no lo hay."*

El Alma dice:

¿Abrir camino? ¿Nosotros? ¿Aquí? Pero...si Él lo dijo...entonces no estamos perdidos. No estamos solos. No estamos abandonados.

El espíritu dice:

Si Él habló...entonces hay esperanza. Siento algo dentro de mí...como si una chispa se encendiera otra vez.

El Cuerpo dice:

Yo... yo no sé si puedo. Pero si ustedes dos se levantan, si ustedes dos creen, si ustedes dos avanzan...yo los sigo.

 LA MONTAÑA

No tengo fuerzas, pero puedo moverme si ustedes me sostienen. Si el alma se anima y el espíritu se afirma…yo camino.

El espíritu dice:

Entonces hagámoslo juntos. Yo recibo la instrucción. Alma, tú recibe la esperanza. Cuerpo, tú recibe el impulso. No esperemos a ver un camino. Abramos el camino.

El Alma dice:

Sí…siento vida otra vez. Siento ánimo. Siento que Dios está con nosotros. Vamos. No estamos solos.

El Cuerpo dice:

Entonces…aquí voy. Un paso. Otro paso. Aplastando arbustos. Abriendo senda. Formando camino donde no había nada.

Y así, los tres: cuerpo, alma y espíritu, se alinearon bajo la voz del Espíritu de Dios.

Y juntos, como un solo hombre, abrieron camino donde no lo había.

LA MONTAÑA

SUSURROS DEL ESPIRITU SANTO
Hijo mío... Yo Soy Tu Inspiración

El Espíritu Santo Habla al Hombre que Abre Camino

Hijo mío...

sé que el cuerpo está cansado,
sé que el alma perdió su ánimo,
sé que el espíritu se llenó de dudas.
He visto cada paso,
cada suspiro,
cada pensamiento que intentó detenerte.
Nada de lo que sientes me es oculto.

Pero escucha mi voz con atención.

A veces no te muestro el camino
porque quiero que lo formes.
A veces no te doy dirección visible
porque quiero que aprendas a caminar por fe.
A veces permito que el sendero desaparezca
porque llegó el momento de que tú abras uno nuevo.

No te traje hasta aquí para confundirte.
Te traje para convertirte en pionero.
Para enseñarte que hay alturas
que solo alcanzan los que se atreven a avanzar
cuando no hay huellas delante de ellos.

 LA MONTAÑA

Abriendo Caminos Con Dios

Hijo...

    no temas al terreno virgen.
    No temas a los arbustos que bloquean la vista.
    No temas al silencio del camino.
    Yo estoy en ese silencio.
    Yo estoy en ese terreno.
    Yo estoy en ese "no hay camino".

Cuando te dije:

    "Abran camino donde no lo hay",
    no era una prueba de fuerza,
    era una revelación de identidad.
    Te estaba mostrando quién eres en mí:
    alguien capaz de abrir sendas nuevas,
    alguien capaz de avanzar sin ver,
    alguien capaz de crear paso a paso
    lo que otros nunca se atrevieron a intentar.

    El cuerpo se cansará,
    pero yo lo sostendré.
    El alma se apagará,
    pero yo la encenderé.
    El espíritu dudará,
    pero yo lo afirmaré.

Solo quiero que recuerdes esto:

    cuando no encuentres camino,
    no te detengas.
    No retrocedas.
    No te rindas.

LA MONTAÑA

Avanza.
Porque en ese avance,
en ese paso sobre los arbustos,
en ese esfuerzo que aplasta lo que estorba,
yo estoy formando en ti
un hombre nuevo,
un carácter nuevo,
una fe nueva,
una historia nueva.

Hijo mío...

abre camino.
Yo voy delante de ti.
Yo voy contigo.
Y yo voy detrás de ti,
sellando cada paso que das.

Quiero hablarte con la voz que no se oye con los oídos,
sino con la certeza que nace en lo profundo.

 LA MONTAÑA

Abriendo Caminos Con Dios

HABLANDO CON DIOS
Padre Sabio, Gracias Por Enseñarme a Abrir Caminos...

Padre Sabio...
"Hoy me acerco a Ti con un corazón lleno de gratitud.
Gracias por mostrarme lo que había dentro de mí,
por revelar la condición de mi cuerpo cansado,
de mi alma desanimada,
y de mi espíritu confundido.
Gracias por no dejarme avanzar a ciegas dentro de mí mismo,
sino por iluminar cada rincón de mi ser
con la luz de Tu verdad."

"Gracias por mostrarme el camino correcto
cuando mis ojos no veían sendero alguno.
Gracias por hablarme cuando el silencio parecía definitivo.
Gracias por enviarme una palabra que rompió mi duda,
una instrucción que me devolvió la vida,
una dirección que me levantó del suelo."

"Hoy te agradezco por la señal que enviaste,
por esa voz suave que dijo:
"Abran camino donde no lo hay."
Gracias porque no me dejaste creer
que la ausencia de camino era el final.
Gracias porque me enseñaste

que a veces el camino no se encuentra...
se forma."

Padre...

"Gracias por fortalecer mi cuerpo
cuando ya no podía más.
Gracias por encender mi alma
cuando se había apagado.
Gracias por afirmar mi espíritu
cuando estaba lleno de dudas.
Gracias porque Tú alineaste mis tres partes
bajo Tu voz,
bajo Tu guía,
bajo Tu presencia."

Hoy te digo:

"Quiero seguir abriendo caminos contigo.
Quiero obedecer, aunque no entienda,
quiero avanzar, aunque no vea,
quiero confiar, aunque no sienta.
Enséñame a caminar por fe,
a depender de Tu Espíritu,
a no temer los terrenos vírgenes,
a no retroceder cuando el sendero desaparece."

"Gracias, Padre,

 LA MONTAÑA

por estar conmigo en cada paso,
por ir delante de mí abriendo sendas,
por caminar a mi lado sosteniéndome,
y por ir detrás de mí afirmando mis huellas."

En el nombre de Jesús…

Amén.

 LA MONTAÑA

El Proceso

CIERRE PROFÉTICO DE LA SEGUNDA PARTE – EL PROCESO –

Has llegado al final de esta segunda parte… y no es poca cosa. Lo que acabas de vivir no fue un simple recorrido espiritual: fue una escuela, una formación, una transformación interna que pocos se atreven a enfrentar.

Hoy celebro tu camino…

- ✓ Celebro que aprendiste a leer el terreno, no solo el externo, sino el de tu propio corazón.
- ✓ Celebro que descubriste lo que significa depender del Espíritu cuando no hay mapa ni lógica que te sostenga.
- ✓ Celebro que obedeciste sin entender, confiando en señales que solo un corazón sensible puede reconocer.
- ✓ Celebro que te atreviste a abrir camino donde no lo había, aplastando arbustos, dudas, temores y viejos hábitos para formar una senda nueva.

Has dejado atrás muchas cosas…

- ➤ Has dejado atrás la necesidad de controlar.
- ➤ Has dejado atrás la dependencia de la lógica humana.
- ➤ Has dejado atrás el miedo a lo desconocido.
- ➤ Has dejado atrás la pasividad espiritual.
- ➤ Has dejado atrás la idea de que solo se avanza cuando el camino está claro. Y el cielo lo ha visto.

 LA MONTAÑA

Ahora, proféticamente, declaro sobre ti:

- ❖ Eres alguien que discierne.
- ❖ Eres alguien que depende del Espíritu.
- ❖ Eres alguien que obedece sin exigir explicación.
- ❖ Eres alguien que abre caminos nuevos.
- ❖ Eres alguien que no se detiene cuando el sendero desaparece.
- ❖ Eres alguien que avanza por fe, no por vista.
- ❖ Eres alguien que está siendo formado para alturas mayores.

Pero esto tampoco es el final.

Lo que viene ahora es más alto, más profundo, más desafiante... y más glorioso.

La Tercera Parte te espera: **EL PRELUDIO** – *De la Cima de la Montaña, El Desafío Final.*

Y aunque la cima parece cercana, no te engañes: las últimas alturas son las más exigentes.

Pero hoy te digo con autoridad espiritual: Tú puedes. Lo vas a lograr. Vas a llegar a la cima.

Dios estará contigo...

- Él te dará aliento cuando el aire sea escaso.
- Él te dará visión cuando la neblina cubra el horizonte.
- Él te dará firmeza cuando el terreno se vuelva estrecho.
- Él te dará revelación para cada paso final.
- Él te recordará quién eres y por qué comenzaste.

 LA MONTAÑA

El Proceso

No temas lo que viene. No temas la altura. No temas el desafío final. La cima no viene para intimidarte, sino para coronarte. No viene para agotarte, sino para completarte. No viene para quebrarte, sino para revelarte.

Prepárate. Respira. Ajusta tu corazón. Da el siguiente paso.

La montaña no se conquista con prisa… se conquista con perseverancia.

Y tú ya fuiste formado para esto.

Bienvenido a la Tercera Parte.

El Preludio de la Cima te espera… y tú estás listo.

Tercera Parte
EL PRELUDIO
DE LA CIMA DE LA MONTAÑA, EL DESAFÍO FINAL

"…No temas, porque yo estoy contigo; no desmayes, porque yo soy tu Dios que te esfuerzo; siempre te ayudaré, siempre te sustentaré con la diestra de mi justicia…"
(Isaías 41:10)

 LA MONTAÑA

El Preludio

TERCERA PARTE

- EL PRELUDIO -

De la Cima de la Montaña, El Desafío Final

Hay alturas que no se conquistan con fuerza... sino con fe.

Hay tramos del camino donde no basta con discernir, obedecer o abrir sendas nuevas. Hay momentos en la vida donde Dios no solo enseña cómo subir la montaña... sino que prueba qué tan dispuesto estás a llegar hasta el final.

Esta Tercera Parte narra la etapa más vulnerable y gloriosa del ascenso espiritual: el tramo donde el hombre ya no camina por aprendizaje... sino por convicción.

No es un relato de técnicas espirituales ni de victorias fáciles. Es la historia honesta, cruda y transformadora de un hombre que enfrenta la carga, el peligro, la caída, el clamor y la fe que está dispuesta a morir.

Aquí no se celebra la fuerza... sino la rendición. No se exalta la habilidad... sino la dependencia absoluta. No se busca la emoción... sino la obediencia. Porque en las alturas finales, cada paso revela algo del hombre... y mucho más de Dios.

Aquí comienza El Preludio. Aquí se prueba la fe. Aquí se define el carácter. Aquí se revela si el corazón está dispuesto a llegar a la cima... cueste lo que cueste.

Lo que encontrarás en esta Tercera Parte:

Capítulo 9: Las Restricciones del Camino – Reconocimiento de que Dios coloca límites en nuestras vidas para protegernos. Como asumir esos límites.

El Preludio

Capítulo 10: La Carga en el Camino – El valor de la Carga. Propósito de la Carga. Actitud delante de aquella carga que incomoda en nuestra vida.

Capítulo 11: El Clamor en el Camino – La caída repetida. El clamor repetido. La respuesta repetida. La certeza de que el cielo nunca ignora la voz de un hijo.

Capítulo 12: La Fe Hasta la Muerte – La obediencia que no depende de fuerzas ni emociones. La fe que se mueve cuando no hay suelo. La decisión de avanzar, aunque el precio sea la vida.

Cada capítulo está compuesto por tres segmentos:

- **Mi Historia:** Un testimonio íntimo y honesto donde la experiencia se convierte en altar y maestro.
- **Perlas Preciosas:** Una enseñanza espiritual profunda que ilumina lo vivido y revela el propósito de la prueba.
- **Intimidad:** Un espacio sagrado donde las tres dimensiones del hombre se alinean bajo la voz de Dios:
  - ✓ **Diálogo Interior**: Cuerpo, alma y espíritu exponiendo su condición.
  - ✓ **Susurros del Espíritu Santo**: La voz divina guiando, afirmando y sosteniendo.
  - ✓ **Hablando con Dios:** Una oración donde el hombre se rinde, se entrega y se fortalece.

Esta no es una parte ligera. Es intensa. Es profunda. Es necesaria.

Porque antes de ver la gloria de Dios en la cima…hay que morir a uno mismo en el camino.

Y antes de encontrarte con Su Presencia en lo alto…hay que aprender a confiar en Su Palabra cuando no hay fuerzas, cuando no hay suelo, cuando no hay nada… excepto fe.

Capítulo 9

MI HISTORIA
LAS RESTRICCIONES DEL CAMINO
Aprendiendo a Respetar los Límites de Dios

"Todo lugar que pisare la planta de vuestro pie será vuestro; desde el desierto hasta el Líbano, desde el río Éufrates hasta el mar occidental será vuestro territorio."
(Deuteronomio 11:24)

Exhausto en mi ascenso por aquella montaña, entre el sudor que corría por mi rostro y el cansancio que se acumulaba en mis piernas, descubrí una verdad que nunca antes había experimentado: la capacidad de abrir camino donde no lo había, la posibilidad de avanzar por lugares vírgenes, la sensación de que mis pasos podían trazar rutas nuevas que antes solo existían en la mente de Dios, y esa revelación produjo en mí una mezcla de asombro, libertad y sanidad interior que me hizo comprender que durante años había subestimado mi propia capacidad para transformar lo que parecía imposible.

En mis subidas anteriores siempre había seguido senderos marcados por otros, rutas ya hechas, huellas ajenas que me guiaban sin exigirme creatividad ni valentía.

 LA MONTAÑA

Las Restricciones del Camino

Pero esta vez, al abrir camino por primera vez, sentí que algo profundo se acomodaba dentro de mí, como si una herida antigua se cerrara y una verdad nueva se instalara con suavidad: sí podía hacerlo, sí podía avanzar donde no había nada, sí podía enfrentar lo desconocido con la fuerza que Dios había puesto en mí.

Esa convicción me acompañaba mientras seguía subiendo, aun cuando mi cuerpo no recibía ninguna recompensa física, porque cada paso parecía más pesado que el anterior y cada músculo gritaba por descanso, pero al mismo tiempo mi espíritu se fortalecía con cada enseñanza, con cada contacto con la naturaleza, con cada susurro espiritual que encontraba en el silencio de la montaña, y esa fortaleza interior me sostenía más que cualquier alimento o descanso.

Después de varios cruces llegué nuevamente a un lugar donde no había camino, un espacio completamente virgen, sin senderos a la derecha ni a la izquierda, y recordando la experiencia reciente de abrir rutas nuevas, me dispuse a hacerlo otra vez sin consultar con Dios, levantando mi pierna con la misma determinación con la que antes había aplastado arbustos y maleza, creyendo que podía repetir la hazaña por mi propia iniciativa.

Pero en el instante en que levanté mi pie, una sensación extraña recorrió mi interior, una advertencia suave pero firme que me hizo detenerme, y antes de que pudiera ignorarla escuché una voz tierna, dulce, amorosa y protectora que me dijo: "No lo hagas, hijo mío… no lo hagas."

Retrocedí sin cuestionar, porque esa voz tenía un peso que no necesitaba explicación, y comprendí que, aunque podía abrir caminos, no todos los caminos debían ser abiertos, y que respetar los límites de Dios era tan importante como obedecer sus instrucciones, así que di media vuelta y regresé al último desvío, dispuesto a tomar otra ruta o a abrir otro sendero, pero no ese.

 LA MONTAÑA

Las Restricciones del Camino

Mientras descendía unos pasos, pensé en lo que Él me habría librado, porque tal vez había un nido de serpientes, tal vez un abismo oculto, tal vez un peligro que mis ojos no podían ver, y aunque nunca sabré qué había allí, sí sé que obedecí y que Él me protegió, y esa certeza fue suficiente para entender que había límites que no restringen, sino que cuidan, guían y preservan la vida. Finalmente, estaba aprendiendo a respetar los límites de Dios,

"Todo lugar que pisare la planta de vuestro pie será vuestro; desde el desierto hasta el Líbano, desde el río Éufrates hasta el mar occidental será vuestro territorio."
(Deuteronomio 11:24)

LA MONTAÑA

Las Restricciones del Camino

PERLAS PRECIOSAS

Los Límites de Dios

"Todo lugar que pisare la planta de vuestro pie será vuestro; desde el desierto hasta el Líbano, desde el río Éufrates hasta el mar occidental será vuestro territorio."
(Deuteronomio 11:24)

Cuando aprendemos a abrir caminos, algo profundo despierta dentro de nosotros, porque la experiencia de avanzar donde antes no había sendero produce una autoconfianza legítima, una sensación de restauración interior que confirma que es posible crear desde la nada, transformar lo que parecía inamovible y caminar con una identidad renovada que reconoce la obra de Dios en nosotros; sin embargo, junto con esa capacidad también surge un riesgo silencioso, casi imperceptible, que consiste en confundir la habilidad con la autorización, como si el simple hecho de poder hacerlo significara que Dios lo aprueba.

Muchos repiten con entusiasmo la frase:

"Declara positivamente, activa tu fe, porque donde pise la planta de tu pie, eso te lo dará el Señor."

Pero antes de abrazarla, es necesario preguntarse si es correcta, si es completa, si realmente expresa lo que Dios quiso decir.

 LA MONTAÑA

Las Restricciones del Camino

El texto original dice:

"Todo lugar que pisare la planta de vuestro pie será vuestro; desde el desierto hasta el Líbano, desde el río Éufrates hasta el mar occidental será vuestro territorio." (Deuteronomio 11:24)

Este versículo tiene dos partes inseparables:

❖ **La promesa de conquista:** "Todo lugar que pisare la planta de vuestro pie será vuestro."
❖ **La delimitación divina:** "Desde… hasta…"

La primera inspira fe, acción y avance.

La segunda protege, enfoca y recuerda que la voluntad de Dios establece fronteras.

Sin ambas, la interpretación queda incompleta.

Cuatro verdades esenciales emergen de este pasaje:

1. Esta palabra fue dada al pueblo hebreo antes de entrar a la tierra prometida.
2. Confirma lo ya dicho a Abraham, Isaac y Jacob.
3. Despierta pasión emocional por conquistar lo prometido.
4. Establece límites definidos para recordar que todo está sujeto a la voluntad de Dios.

Por eso, si deseas recibir esta palabra, hazlo con reverencia y totalidad:

✓ **Dios es soberano:** Él otorga territorios según Su voluntad.
✓ **Busca confirmación:** Dios respalda Su palabra.
✓ **Esfuérzate y conquista:** La victoria llega por obediencia, no por deseo.
✓ **Reconoce los límites:** No todo lo que declares será tuyo si no está en Su plan.

 LA MONTAÑA

Las Restricciones del Camino

"Pedís, y no recibís, porque pedís mal, para gastar en vuestros deleites." (Santiago 4:3)

LOS LIMITES: *Como Lenguaje de Amor*

La montaña enseña que el límite es un lenguaje de amor, porque no solo eleva, también delimita, y en el camino espiritual no todo lo que podemos hacer debemos hacerlo, ya que la restricción no es castigo, sino el susurro del Padre que dice con ternura: "Por aquí no, hijo mío... por aquí no."

Muchos confunden la fe con la conquista ilimitada. Pero la fe verdadera no se mide por cuántos territorios pisamos. Se mide por cuántas veces obedecemos cuando Dios nos dice que no.

Es fácil avanzar cuando todo está abierto.

Lo difícil es detenerse cuando todo parece posible.

La montaña revela que no todo terreno es nuestro, aunque tengamos fuerza para conquistarlo, y que el alma restaurada en su identidad necesita también ser refinada en su obediencia, porque quien abre caminos sin consultar al Creador puede terminar en senderos que Él nunca trazó.

El límite es un altar invisible.

- ✓ Allí se revela si caminamos por fe o por impulso.
- ✓ Allí se escucha la voz que cuida, guía y protege.

Y allí, en ese punto exacto donde decidimos no avanzar, comienza la verdadera conquista:

la del corazón rendido.

 LA MONTAÑA
Las Restricciones del Camino

INTIMIDAD
¿Entiendo que Dios me pone Límites por Amor?

Antes de avanzar, respira...
Este no es un espacio para justificar tus impulsos, ni para alimentar la euforia, ni para buscar razones que sostengan tus deseos.
Es un espacio para discernir.

En este espacio, **INTIMIDAD** se convierte en un lugar donde podrás escuchar con claridad lo que sucede dentro de ti cuando Dios te llama no solo a avanzar, sino también a detenerte:

• Cuando la emoción te impulsa a seguir sin preguntar.
• Cuando el terreno parece accesible, pero no seguro.
• Cuando la fuerza que sientes no coincide con la instrucción que recibes.
• Cuando el límite se convierte en una forma de amor.

Aquí escucharás:

✓ La voz del cuerpo, que percibe señales que tus ojos no ven.
✓ La voz del alma, que se exalta, se entusiasma y quiere correr.
✓ La voz del espíritu, que discierne, observa y reconoce la dirección de Dios.

 LA MONTAÑA

Las Restricciones del Camino

✓ Y la voz del Espíritu Santo, que guía con una ternura firme, diciendo: "Por aquí no."

Este no es un espacio de impulso, sino de sabiduría.
No es un espacio de conquista, sino de protección.
No es un espacio de avance, sino de orden interno.

INTIMIDAD, aquí, es el lugar donde tus voces internas se alinean con la verdad:

- ❖ Que no todo lo que puedes hacer debes hacerlo.
- ❖ Que la emoción es buena, pero no es guía.
- ❖ Que el espíritu ve lo que el alma no percibe.
- ❖ Que el cuerpo también habla cuando hay peligro.
- ❖ Y que la obediencia a los límites de Dios es una forma profunda de fe.

En este espacio, Dios no te frena… te cuida.
No te limita… te preserva.
No te confunde… te aclara.
No te abandona… camina contigo para evitar que tomes rutas que Él no trazó.

Bienvenido a **INTIMIDAD**.
El lugar donde tu interior aprende a detenerse cuando Dios dice "no", y a reconocer que…

ese "no" también es parte del camino que Él creó para ti.

 LA MONTAÑA

Las Restricciones del Camino
DIALOGO INTERIOR
Cuando la Emoción quiere Avanzar, el Espíritu quiere Obedecer

EL ALMA DICE...

Todavía siento la emoción viva de haber abierto camino donde no lo había, porque esa experiencia despertó en mí una fuerza que creía perdida y me hizo sentir capaz, valiente y lista para conquistar cualquier terreno que se presente delante de mí, como si cada obstáculo fuera simplemente una invitación a demostrar que puedo avanzar sin detenerme, sin esperar, sin pedir permiso, movida por la sensación de que todo es posible cuando me siento así de fuerte.

EL ESPÍRITU DICE...

Aunque comprendo tu entusiasmo, alma, dentro de mí se mueve algo distinto, una voz serena que no celebra tanto la hazaña pasada como la necesidad de discernir el presente, porque no todo lo que podemos hacer debemos hacerlo, y no toda oportunidad es una instrucción, y aunque abrir caminos es hermoso, hacerlo sin dirección puede convertirse en un acto impulsivo que nos aleje de la voluntad de Dios, por eso siento que debemos detenernos un momento y escuchar con más atención.

EL CUERPO DICE...

Yo también percibí la emoción de avanzar, pero ahora siento un peso extraño en mis músculos, una tensión que no proviene del cansancio sino de una alerta interna que me advierte que algo no está bien, porque, aunque mis ojos no ven peligro, mis sentidos lo presienten, y mi función no es guiar sino proteger, y cuando algo

 LA MONTAÑA

Las Restricciones del Camino

dentro de mí se contrae de esta manera, sé que debo hablar para evitar que avancemos hacia un terreno que podría dañarnos.

EL ALMA DICE...

Me cuesta aceptar que quieran detenerme justo ahora, cuando siento que puedo más que antes, cuando la confianza me impulsa a seguir, cuando la emoción me dice que repetir la hazaña sería una prueba de crecimiento, porque desde mi perspectiva todo parece igual que antes, todo se ve transitable, todo parece posible, y no entiendo por qué deberíamos frenar si nada visible indica peligro.

EL ESPÍRITU DICE...

Porque no se trata de lo visible, sino de lo que Dios está diciendo, y dentro de mí hay un susurro que no puedo ignorar, una dirección suave pero firme que me recuerda que la obediencia no siempre consiste en avanzar, sino en reconocer los límites que Él establece para protegernos, y aunque tu emoción es legítima, alma, necesita ser sometida a la voluntad de Dios para que no se convierta en impulso disfrazado de fe.

EL CUERPO DICE...

Y yo confirmo lo que el espíritu percibe, porque, aunque no entiendo lo espiritual, sí entiendo las señales que mi propia naturaleza me envía, y ahora mismo siento que avanzar sería ignorar una advertencia que podría salvarnos de un daño que no vemos, por eso me alineo con el espíritu y digo que aquí no debemos seguir.

 LA MONTAÑA

Las Restricciones del Camino

EL ALMA DICE...

Entonces… si ustedes dos sienten algo que yo no percibo, si mi emoción puede engañarme, si mi entusiasmo puede confundirme, debo reconocer que no soy la que debe tomar la decisión final, porque, aunque quiero avanzar, también quiero obedecer, y si detenerme ahora es obediencia, entonces me rindo.

EL ESPÍRITU DICE...

Eso es lo que significa caminar con madurez: permitir que la emoción se exprese, pero no permitir que gobierne, porque la verdadera conquista no está en abrir caminos sin medida, sino en reconocer cuándo Dios dice "por aquí no", y obedecerlo sin resistencia, confiando en que Su límite es protección, no restricción.

EL CUERPO DICE...

Y yo agradezco que me escuchen, porque mi función es sostenerlos, y cuando mis sentidos se alinean con el espíritu, sé que estamos caminando en seguridad, no en impulso, y eso nos preserva para seguir avanzando cuando Él lo indique.

EL ALMA DICE...

Entonces sigamos juntos, pero esta vez dejaré que tú, espíritu, vayas adelante, porque quiero avanzar, sí, pero quiero hacerlo dentro de la voluntad de Dios, no dentro de mi emoción.

 LA MONTAÑA

Las Restricciones del Camino

EL ESPÍRITU DICE…

    Así debe ser.

    Así caminamos seguros.

    Así respetamos los límites de Dios.

 LA MONTAÑA

Las Restricciones del Camino
SUSURROS DEL ESPIRITU SANTO
Hijo Mío...Yo Soy Quien te Ama

Hijo mío...

Cuando tu alma corre, yo camino.
Cuando tu alma se exalta, yo observo.

Cuando tu alma quiere avanzar sin preguntar, yo te hablo con suavidad para recordarte que no todo lo que puedes hacer te conviene, y que no todo lo que se abre ante tus ojos fue abierto por mis manos.

Yo conozco los caminos que no ves.
Conozco los senderos que parecen rectos, pero no llevan a vida.
Conozco los lugares donde tus fuerzas no bastan y donde tu emoción te engaña.

Por eso pongo inquietud en tu espíritu y alerta en tu cuerpo, no para limitarte, sino para guardarte.

No confundas mi límite con rechazo.
No confundas mi "no" con abandono.
No confundas mi silencio con ausencia.

Cada límite que pongo es una expresión de amor, una frontera de protección, un recordatorio de que caminar conmigo es más seguro que caminar solo.

Hijo mío...

Cuando te digo "por aquí no", no te estoy quitando un camino.
Te estoy preservando para el correcto.
No te niego conquista.

LA MONTAÑA

Las Restricciones del Camino

Te preparo para la verdadera.
No apago tu pasión.
La encamino hacia donde dará fruto.

La emoción te impulsa.
El cuerpo te advierte.
El espíritu te guía.
Y yo hablo a través de los tres.

Escucha mi voz cuando te detengo.
Escucha mi voz cuando te inquieto.
Escucha mi voz cuando te susurro que no avances.
Porque mi límite no es un muro, es un abrazo.
No es una barrera, es un refugio.
No es una pérdida, es una protección.

Y cuando obedeces mi "no",
abres la puerta para que yo te muestre un "sí" más grande,
más seguro,
más perfecto,
más tuyo.

Confía en mis límites.
Confía en mi guía.
Confía en mi amor.

Porque cada vez que te detengo,
te estoy salvando de algo que no ves
y conduciendo hacia algo que aún no imaginas.

 LA MONTAÑA

Las Restricciones del Camino

HABLANDO CON DIOS
Padre Fiel, Gracias por tus Límites…

Padre Fiel…

Hoy me acerco a Ti con un corazón que ha sido confrontado, corregido y guiado por Tu amor, porque en medio de mi entusiasmo por avanzar, descubrí que no siempre la fuerza que siento es señal de que debo seguir, y que no todo camino que puedo abrir es un camino que Tú has autorizado para mí.

Gracias por hablarme antes de que mis pasos me llevaran a un lugar equivocado.
Gracias por detenerme con suavidad cuando mi alma quería correr.
Gracias por inquietar mi espíritu cuando mi emoción quería imponerse.
Gracias por alertar mi cuerpo cuando mis ojos no veían peligro.
Gracias porque usaste mis tres partes para protegerme de mí mismo.

Hoy reconozco que Tu límite es un acto de amor.
Que Tu "no" es tan valioso como Tu "sí".
Que Tu silencio también guía.
Que Tu advertencia también cuida.

 LA MONTAÑA

Las Restricciones del Camino

Que Tu dirección no siempre me impulsa hacia adelante, pero siempre me preserva.

Padre...

Te doy gracias porque no me dejaste avanzar por impulso, porque no permitiste que mi emoción confundiera mi discernimiento, porque no dejaste que mi entusiasmo se convirtiera en desobediencia, y porque me enseñaste que la verdadera madurez no está en conquistar territorios, sino en saber detenerme cuando Tú lo dices.

Enséñame a escuchar Tu voz antes de escuchar mi deseo.
Enséñame a discernir Tu voluntad antes de seguir mi impulso.
Enséñame a reconocer Tus límites como parte de Tu cuidado.
Enséñame a obedecer incluso cuando no entiendo.
Enséñame a confiar incluso cuando no veo.
Enséñame a esperar incluso cuando quiero avanzar.

Padre...

Quiero caminar contigo, no delante de Ti.
Quiero avanzar por Tus sendas, no por mis emociones.
Quiero abrir caminos solo cuando Tú los órdenes.
Quiero detenerme cuando Tú digas "por aquí no".
Quiero que mi alma aprenda a someterse,
que mi espíritu aprenda a escuchar,
y que mi cuerpo aprenda a descansar en Tu protección.

 LA MONTAÑA

Las Restricciones del Camino

Gracias por cuidarme.

Gracias por corregirme.

Gracias por amarme lo suficiente como para detenerme.

Gracias porque cada límite que pones es un recordatorio de que no camino solo,

de que no decido solo,

de que no vivo solo.

En el nombre de Jesús…

Amén.

Capítulo 10

MI HISTORIA

LA CARGA EN EL CAMINO

Sobrellevando un Peso que Incomoda

"Y dijo Moisés a Jehová: ¿Por qué has hecho mal a tu siervo? ¿y por qué no he hallado gracia en tus ojos, que has puesto la carga de todo este pueblo sobre mí?"
(Números 11:11)

Expuesto al susto que acababa de vivir, logré encontrar otro acceso para continuar ascendiendo hacia la cima de la montaña. Ya llevaba varias horas subiendo y no sabía cuánto faltaba, pero sí sabía algo: no quería que la noche me sorprendiera allí. Deseaba llegar a la cima mientras aún hubiera luz, porque no podía imaginar cómo sería enfrentar aquella montaña en completa oscuridad. Faltaban apenas dos o tres horas para que anocheciera, y eso me decía que debía mantener el ritmo sin desmayar.

La inclinación se había vuelto tan pronunciada que ya no podía avanzar de pie. Tenía que inclinarme, casi arrodillarme, para mantener el equilibrio y evitar que mi cuerpo se fuera hacia atrás. Y el peso que llevaba en mi bolso no ayudaba.

 LA MONTAÑA

La Carga en el Camino

Mientras continuaba sin detenerme, comencé a pensar qué era lo que pesaba tanto en mi mochila. La Biblia no pesaba mucho. Los fósforos menos. El carbón era ligero. El agua casi se había terminado.

Pero la carne...la carne sí pesaba.

La carne que había preparado para compartir con mis hermanos, aquellos que pensé que subirían conmigo. Esa carne era la que me cargaba la espalda.

Entre tantos eventos, había olvidado sacarla. ¿Qué iba a hacer con tanta carne si estaba solo? Para mí bastaba un poco de alimento, o quizás nada. Después de todo, sería solo medio día de trayecto y una noche de vigilia.

Pero, por alguna razón, no la boté. No me atreví a ensuciar la montaña. No quise dejar rastro de descuido. Y acepté llevarla hasta la cima.

Acepté llevar la carga.

Así continué subiendo, ya no de pie, sino de rodillas; ya no ligero, sino con un peso que no me pertenecía.

La carne de mis hermanos.

La carga que no era mía... pero que decidí cargar, y continue Sobrellevando un Peso que Incomoda.

"Y dijo Moisés a Jehová: ¿Por qué has hecho mal a tu siervo? ¿y por qué no he hallado gracia en tus ojos, que has puesto la carga de todo este pueblo sobre mí?"
(Números 11:11)

 LA MONTAÑA

La Carga en el Camino

PERLAS PRECIOSAS

La Carga que debemos Entender y Sobrellevar

"Y dijo Moisés a Jehová: ¿Por qué has hecho mal a tu siervo? ¿y por qué no he hallado gracia en tus ojos, que has puesto la carga de todo este pueblo sobre mí?"
(Números 11:11)

Una Carga que No Elegimos, Pero que Forma Nuestro Carácter...

Quien ha sido pastor —un buen pastor—, quien ha discipulado a alguien, quien lleva dentro el Espíritu del Creador, entiende este tema incluso antes de desarrollarlo.

Y aun así lo escribiré, no solo para consolar a los que ya lo saben, sino para preparar a los que apenas comienzan.

Antes de hablar de la carga, necesito mostrarte un proceso que vive todo aquel que camina por el Camino de Santidad.

Es un proceso en tres etapas, tres relaciones, tres dimensiones del alma humana:

1. La relación del hombre con Dios
2. La relación del hombre consigo mismo
3. La relación del hombre con los demás

 LA MONTAÑA

La Carga en el Camino

LA RELACIÓN DEL HOMBRE CON DIOS: *El Inicio del Camino*

Todo comienza cuando el hombre reconoce su condición, se arrepiente y acepta a Jesús como Señor y Salvador.

Dios perdona, restaura y vuelve a abrir la comunión que el pecado había roto.

En esta etapa:

- ❖ El hombre aprende a conocer a Dios.
- ❖ El hombre aprende a amar a Dios.
- ❖ El espíritu del hombre comienza a ser edificado.
- ❖ Se establecen los fundamentos de la fe en el hombre.
- ❖ Se despierta la sensibilidad espiritual en el Hombre.

Y ese despertar interior lo lleva inevitablemente a la segunda etapa.

LA RELACIÓN DEL HOMBRE CONSIGO MISMO: *El Reordenamiento Interno*

Aquí comienza la sanidad interior.

El Espíritu Santo y el espíritu del hombre trabajan juntos para:

- ❖ Sanar heridas.
- ❖ Corregir conceptos.
- ❖ Reordenar valores.
- ❖ Sanar y Restaurar emociones.
- ❖ Fortalecer identidad.
- ❖ Enseñar al hombre a amarse correctamente.

En estas dos primeras etapas, el hombre se siente seguro, protegido, amado, comprendido.

 LA MONTAÑA

La Carga en el Camino

Es un espacio donde Dios trata con ternura y profundidad.

Pero el camino no termina allí.

LA RELACIÓN DEL HOMBRE CON LOS DEMÁS: *El Mayor Desafío del Amor*

Esta etapa es inevitable.

Somos seres sociales, y tarde o temprano debemos convivir, interactuar y relacionarnos con otros.

Aquí se revela:

- ❖ El verdadero carácter.
- ❖ La madurez espiritual.
- ❖ La capacidad de amar como Dios ama.
- ❖ La paciencia.
- ❖ La humildad.
- ❖ La compasión.
- ❖ La obediencia al llamado.

Algunas relaciones son selectivas: tú decides a quién te acercas.

Pero otras son asignadas: no las escoges... te tocan.

Y esas son las más difíciles.

- ✓ No escogemos a nuestros padres.
- ✓ No escogemos a nuestra familia.
- ✓ No escogemos a todos los que nos rodean.

Y en el ministerio, especialmente en el pastoral, tampoco escogemos a las ovejas.

La Carga en el Camino

EL PASTOR NO ESCOGE OVEJAS, *Las Ovejas NO Escogen Pastor*

Las ovejas son del Padre. Los pastores son puestos por Dios.

- ✓ Ninguno decide.
- ✓ Ambos obedecen.

El pastor acepta a quienes Dios le confía. La oveja acepta al pastor que Dios le asigna.

- ✓ Ambos se someten a la voluntad del Creador.
- ✓ Ambos deben aprender a amarse mutuamente.

Esto no es teoría.

Es Biblia.

MOISÉS: *El Líder que Cargó un Pueblo que NO Escogió*

Dios escogió a Moisés. Dios escogió al pueblo. Y Dios los unió.

El pueblo debía aceptar a Moisés. Moisés debía aceptar al pueblo.

- ✓ Ninguno eligió al otro.
- ✓ Ambos fueron asignados.

Y esa asignación fue pesada.

Moisés lo expresó con honestidad:

"¿Por qué has puesto la carga de todo este pueblo sobre mí?"
(Números 11:11)

- ✓ El pueblo se quejó.
- ✓ Moisés se quejó.

LA MONTAÑA

La Carga en el Camino

- ✓ Ambos sintieron la carga.
- ✓ Ambos sintieron el peso del llamado.

Pero eso, no cambio la verdad, no cambio el orden de Dios.

JESÚS: *El Líder Perfecto que también Sintió la Carga*

Incluso Jesús expresó el peso de tratar con la incredulidad humana:

"¿Hasta cuándo he de estar con vosotros, y os he de soportar?"
(Lucas 9:41)

Si Jesús sintió la carga...

¿cómo no la sentiremos nosotros?

LAS RELACIONES GENERAN CARGA... *y esa Carga es Parte del Llamado*

- ✓ No podemos evitarla.
- ✓ No podemos desecharla.
- ✓ No podemos ignorarla.

La Biblia lo dice con claridad:

"Sobrellevad los unos las cargas de los otros." (Gálatas 6:2)

"Los fuertes debemos soportar las flaquezas de los débiles." (Romanos 15:1)

La carga no es castigo. Es formación. Es amor en acción. Es obediencia práctica.

LA MONTAÑA

La Carga en el Camino

LA CARNE EN LA MOCHILA: Símbolo, Profecía y Enseñanza

La carne que llevabas en mi mochila no era solo alimento. Era un mensaje.

Era:

- ❖ Símbolo
- ❖ Profecía
- ❖ Enseñanza
- ❖ Recordatorio
- ❖ Carga espiritual

Era la carne de los que no subieron…pero que aún pesan en el corazón del que sí ascendió.

En el camino espiritual hay cargas que no se botan. No porque sean cómodas, sino porque son sagradas.

Son las cargas:

- ✓ de los hermanos
- ✓ de los hijos
- ✓ de las ovejas
- ✓ de los que Dios nos confió

No siempre están presentes, pero siempre pesan.

EL VERDADERO LÍDER NO DESECHA LA CARGA: *La Transforma*

El líder maduro:

- ✓ no huye
- ✓ no abandona
- ✓ no desprecia

 LA MONTAÑA

La Carga en el Camino

- ✓ no se endurece

El líder:

- ❖ lleva la carga
- ❖ la honra
- ❖ la convierte en intercesión
- ❖ la transforma en amor
- ❖ la ofrece a Dios mientras sube

Aunque el ascenso se vuelva más difícil...

aunque tenga que avanzar de rodillas...

lo hace con dignidad, sabiendo que esa carga es parte del llamado.

La carne representa lo humano, lo débil, lo no transformado. Llevarla en la espalda es recordar que no ascendemos solos.

Cada paso que damos...eleva también a otros.

La cima no es solo nuestra. Es de todos los que Dios puso en nuestro camino.

 LA MONTAÑA

La Carga en el Camino

INTIMIDAD

¿Estoy Dispuesto a Cargar lo que Dios Puso en Mis Manos?

Antes de avanzar, respira…

Este no es un espacio para quejarte del peso, ni para justificar tu cansancio, ni para preguntarte por qué cargas lo que otros dejaron atrás.

Es un espacio para comprender.

En este espacio, **INTIMIDAD** se convierte en un lugar donde podrás escuchar con claridad lo que sucede dentro de ti cuando Dios te permite llevar una carga que no elegiste:

- Cuando el cuerpo se agota y pide descanso.
- Cuando el alma se decepciona y quiere soltarlo todo.
- Cuando el espíritu lucha por obedecer aun sin entender.
- Cuando la carga se convierte en una asignación sagrada.

Aquí escucharás:

✓ La voz del cuerpo, que siente el peso real de lo que llevas.

✓ La voz del alma, que se frustra, se desespera y quiere abandonar.

 LA MONTAÑA

La Carga en el Camino

✓ La voz del espíritu, que recuerda la instrucción y sostiene la obediencia.

✓ Y la voz del Espíritu Santo, que te acompaña con ternura y te dice: "No cargas solo."

Este no es un espacio de queja, sino de formación.
No es un espacio de abandono, sino de fortaleza.
No es un espacio de alivio inmediato, sino de orden interno.

INTIMIDAD, aquí, es el lugar donde tus voces internas se alinean con la verdad:

- ❖ Que algunas cargas no se eligen... se reciben.
- ❖ Que el cansancio del cuerpo no invalida el propósito.
- ❖ Que la decepción del alma no define tu llamado.
- ❖ Que el espíritu puede sostener lo que la emoción no entiende.
- ❖ Y que Dios nunca te entrega una carga sin darte también Su compañía.

En este espacio, Dios no te exige... te acompaña.
No te sobrecarga... te fortalece.
No te abandona... te sostiene.
No te pide que cargues solo... camina contigo paso a paso.

Bienvenido a **INTIMIDAD**.
El lugar donde tu interior aprende a llevar la carga con dignidad,
y a descubrir que lo que pesa...
también forma, también purifica, también eleva.

 LA MONTAÑA

La Carga en el Camino

DIALOGO INTERIOR

Cuando el Cuerpo y el Alma se Cansan del Peso de la Carga

EL CUERPO DICE...

Ya no puedo más. Cada paso me pesa como si llevara piedras en la espalda, y mis rodillas tiemblan con cada intento de avanzar. La inclinación de esta montaña me obliga a doblarme, a arrastrarme, a sostenerme como puedo, y la carga que llevo no ayuda. Siento el sudor arderme en la piel, los músculos tensarse, la respiración cortarse. No entiendo por qué tengo que cargar algo que no necesito, algo que no me sirve, algo que solo me agota. Estoy cansado... demasiado cansado.

EL ALMA DICE...

Y yo estoy decepcionada. Esto no era lo que imaginé. Pensé que subiríamos ligeros, que el camino sería más fácil, que la emoción del inicio nos sostendría. Pero ahora todo se siente pesado, injusto, innecesario. ¿Por qué cargar lo que no es mío? ¿Por qué llevar lo que otros dejaron atrás? ¿Por qué avanzar sola, sin compañía, sin ayuda, sin ánimo? Me desespera pensar que todavía falta, que la cima no se ve, que la carga no disminuye. Me siento frustrada, confundida, agotada por dentro.

 LA MONTAÑA

EL ESPÍRITU DICE...

Escucho su cansancio... y lo entiendo. Escucho tu decepción, alma... y también la entiendo. Pero no podemos detenernos aquí. No ahora. No así. La carga que llevamos no es un error, no es un castigo, no es un descuido. Es una asignación. Es parte del llamado. Es algo que Dios permitió, y si Él lo permitió, entonces también nos dará la fuerza para llevarlo. Cuerpo, no estás fallando: estás siendo fortalecido. Alma, no estás sola: estás siendo formada. Esta carga no nos destruye... nos define.

EL CUERPO DICE...

Pero me duele. Me pesa. Me quema. Siento que no tengo más fuerza para sostenerme. Cada paso es una lucha, cada metro es una batalla. No sé si puedo seguir.

EL ESPÍRITU DICE...

No necesitas tener fuerza para todo el camino. Solo para el próximo paso. Y ese sí puedes darlo. No te pido que corras, ni que te levantes del todo. Solo que avances un poco más. Yo te sostengo desde adentro. Dios te sostiene desde arriba. No estás cargando solo con tus músculos... estás cargando con propósito.

 LA MONTAÑA

La Carga en el Camino

EL ALMA DICE...

Y yo... yo no sé si quiero seguir. Me siento decepcionada de mí misma, de mis expectativas, de mis ilusiones. Pensé que sería diferente. Pensé que sería más fácil. Pensé que no estaría sola. Y ahora me pesa no solo la carga... sino lo que siento.

EL ESPÍRITU DICE...

Alma, escucha: no estás sola. Estás siendo purificada. La decepción revela lo que esperabas de ti misma... y lo que Dios quiere enseñarte. No avanzamos porque todo esté claro. Avanzamos porque Él dijo que subamos. Y si Él dijo que subamos, entonces esta carga tiene sentido, aunque ahora no lo entiendas. No te desesperes. Respira. Descansa en mí. Yo te sostengo.

EL CUERPO DICE...

Entonces... ¿solo un paso más?

EL ESPÍRITU DICE...

Solo uno. Y después otro. Y después otro. No mires la cima. No mires la distancia. No mires la carga. Mira la obediencia. Mira la voluntad de Dios. Mira lo que Él está formando en nosotros.

 LA MONTAÑA

La Carga en el Camino

EL ALMA DICE...

Si tú me guías... yo sigo. Aunque me duela. Aunque no entienda. Aunque me cueste.

EL ESPÍRITU DICE...

Eso es obediencia. Eso es fe. Eso es carácter.

Y juntos... llegaremos a la cima.

 LA MONTAÑA

La Carga en el Camino

SUSURROS DEL ESPIRITU SANTO
Hijos míos… Yo Soy Quien te Fortalece

La Carga que No Elegiste, Pero Que Yo Te Enseño a Llevar…

Hijo mío…
Sé que estás cansado.
Sé que tus rodillas tiemblan.
Sé que tu espalda arde.
Sé que la carga que llevas no es ligera, ni cómoda, ni tuya.
Y aun así… la llevas.

Yo veo tu esfuerzo.
Yo veo tu obediencia.
Yo veo tu corazón inclinarse mientras tu cuerpo se inclina.
Y quiero que escuches esto con claridad:
no estás cargando solo.

La carga que llevas no es un error.
No es un castigo.
No es un descuido.
Es una asignación.
Una que yo mismo permití.
Una que yo mismo sostengo contigo.

Hijo mío…
La carne que llevas en la mochila no es solo peso.
Es símbolo.
Es enseñanza.
Es intercesión.
Es amor en forma de carga.

No la llevas porque te pertenece.

# LA MONTAÑA

La Carga en el Camino

La llevas porque te la confié.
La llevas porque otros no pudieron subir.
La llevas porque tu ascenso también los eleva a ellos.
La llevas porque así se forma el corazón de un verdadero líder.

Cuando tu cuerpo se queja, yo lo fortalezco.
Cuando tu alma se decepciona, yo la consuelo.
Cuando tu espíritu se esfuerza por obedecer, yo lo afirmo.
Y cuando sientes que no puedes más...
yo te recuerdo que no subes solo.

Hijo mío...

No deseches la carga.
No la maldigas.
No la rechaces.
No la compares.
No la cuestiones.

Abrázala.
Honra lo que representa.
Preséntamela mientras subes.
Entrégamela mientras avanzas.
Permite que yo transforme ese peso en propósito.

Porque esta carga no te hunde...
te moldea.
No te destruye...
te define.
No te frena...
te profundiza.
No te roba fuerza...
te enseña a depender de la mía.

 LA MONTAÑA

La Carga en el Camino

*Y escucha esto:
la cima no será solo tuya.
Será de todos los que cargas en tu corazón.
Será de todos los que no subieron, pero que tú llevaste en oración.
Será de todos los que yo puse sobre tus hombros para que aprendieras a amar como yo amo.*

Hijo mío…

*Sigue subiendo.
Sigue obedeciendo.
Sigue llevando la carga con dignidad.
Yo estoy contigo en cada paso, en cada respiración, en cada temblor, en cada esfuerzo.*

*Y cuando llegues a la cima…
entenderás por qué te pedí que no la dejaras en el camino.*

 LA MONTAÑA

La Carga en el Camino

HABLANDO CON DIOS

Padre Poderoso, Gracias por Fortalecerme en el Camino...

Padre Poderoso...
Vengo delante de Ti con un corazón cansado y un cuerpo que ya no sabe cómo sostenerse. Siento el peso de esta carga en mi espalda, en mis rodillas, en mi respiración, y aunque sé que no es mía, también sé que Tú permitiste que la llevara. Por eso no vengo a quejarme... vengo a entregarte mi cansancio.

Tú conoces cada paso que he dado.
Tú viste cuando mis fuerzas comenzaron a disminuir.
Tú escuchaste cuando mi alma se decepcionó.
Tú sentiste cuando mi cuerpo se quebró.
Y aun así, aquí estoy... subiendo, obedeciendo, cargando lo que Tú pusiste en mis manos.

Padre...
Hay momentos en los que no entiendo por qué debo llevar cargas que no me pertenecen, por qué debo sostener lo que otros dejaron atrás, por qué debo avanzar con un peso que no elegí. Pero hoy reconozco que si Tú lo permitiste, entonces esta carga tiene propósito, tiene enseñanza, tiene destino.

No quiero soltarla por frustración.
No quiero desecharla por cansancio.

 LA MONTAÑA

La Carga en el Camino

No quiero despreciarla por dolor.
Quiero llevarla con dignidad, con humildad, con amor... como Tú llevaste la cruz que tampoco era tuya.

Enséñame a ver esta carga como Tú la ves.
Enséñame a amar a quienes represento mientras subo.
Enséñame a interceder por los que no pudieron ascender.
Enséñame a honrar lo que Tú pusiste sobre mis hombros.
Enséñame a avanzar aunque sea de rodillas.

Padre...

Fortalece mi cuerpo cuando tiemble.
Sostén mi alma cuando se decepcione.
Afirmar mi espíritu cuando dude.
Recuérdame que no subo solo, que no cargo solo, que no camino solo.

Gracias por confiarme esta carga.
Gracias por no dejarme abandonarla en el camino.
Gracias por enseñarme que el amor verdadero pesa, pero también transforma.
Gracias porque cada paso que doy con esta carga... también eleva a otros.

Y cuando llegue a la cima, Padre...

 LA MONTAÑA

La Carga en el Camino

quiero llegar con el corazón limpio, con la carga honrada, con la obediencia cumplida, y con la certeza de que todo lo que llevé en mi espalda... lo llevé contigo.

En el nombre de Jesús...

Amén.

Capítulo 11

MI HISTORIA
EL CLAMOR EN EL CAMINO
Buscando el Auxilio de Dios

"En cuanto a mí, a Dios clamaré; Y Jehová me salvará"
(Salmos 55:16)

Xerografiado en mi memoria todo lo que había aceptado —la carga de la carne sobre mi espalda, la inclinación cada vez más agresiva de la montaña, el cansancio acumulado en mi cuerpo y, sobre todo, la guía del Espíritu Santo— continué este ascenso hacia la cima.

Nada de eso había cambiado... pero yo sí. El peso era el mismo, pero el cansancio lo hacía sentir más pesado. Mi cuerpo era el mismo, pero ahora estaba agotado, casi sin energía. Y el terreno, que al inicio había sido plano y cómodo, ahora se volvía más inclinado, más exigente, más peligroso.

Comencé caminando de pie. Luego tuve que avanzar de rodillas. Y ahora... debía acostarme sobre la montaña.

 LA MONTAÑA

No por comodidad. No por descanso. Sino porque la inclinación me obligaba a arrastrarme, abrazando la superficie para no caer. A esa altura, más cerca del cielo y más lejos de la tierra, cada movimiento era un riesgo. Un resbalón podía convertirse en una caída fatal. La gravedad y la inclinación se unían como fuerzas invisibles que querían arrancarme del camino.

Aun así, mi espíritu se fortalecía. El deseo de llegar a la cima ardía dentro de mí. Quería cumplir la voluntad de Dios. Quería estar en el lugar que Él había preparado para mí.

Clavaba mis dedos en la superficie húmeda de la montaña. Afirmaba las puntas de mis pies en la delgada capa de grama que cubría la roca.

La brisa fresca me golpeaba el rostro. El silencio de las alturas me envolvía. Y yo avanzaba... lento, enfocado, decidido.

Hasta que ocurrió.

De repente, mi pie cedió.

Luego el otro.

Intenté aferrarme con más fuerza, pero mis dedos también perdieron el anclaje.

En un instante, mi cuerpo quedó sin apoyo. Y comencé a deslizarme hacia abajo.

La gravedad me halaba.

La inclinación me empujaba.

El miedo me paralizaba.

Mi corazón se aceleró.

Mi cuerpo se llenó del químico del pánico.

 LA MONTAÑA

El Clamor en el Camino

No podía detener la caída.

No podía controlar nada.

No quería desistir.

No quería fracasar.

No quería perderme la victoria.

Y desde lo más profundo de mi ser... brotó un grito.

No fue una oración elaborada. No fue una frase aprendida. No fue un discurso espiritual.

Fue un clamor.

Un grito de hijo.

Un llamado desesperado.

"¡PAPÁ, AYÚDAME!

¡JEHOVÁ, MI DIOS, ¡RESCÁTAME!"

Grité con todas mis fuerzas.

Grité como quien está al borde de la muerte.

Grité porque no tenía otra opción...

Y Él me respondió.

No sé cómo ocurrió. No sé qué pasó exactamente. Pero mi cuerpo dejó de caer.

 LA MONTAÑA

El Clamor en el Camino

Se detuvo. Se ancló.

Fue como si una mano invisible se hubiera puesto debajo de mis pies.

Mi corazón seguía acelerado.

Mi cuerpo temblaba.

El peligro era real.

El miedo también.

Pero Dios me había sostenido.

Después de unos segundos, cuando recuperé el aliento, mi mente comenzó a analizar riesgos, posibilidades, alternativas. Y en ese silencio de altura, escuché las voces dentro de mí:

mi carne, que no quería seguir

mi alma, asustada por los riesgos

mi espíritu, decidido a continuar

Los dejé hablar. Los escuché. Y luego intervine. Les dije:

"No hay opciones. No podemos retroceder. Retroceder es morir. Debemos asumir el riesgo y avanzar hasta el final."

Y así continué.

Abrazado a la montaña.

Moviendo uno a uno mis anclajes.

Afirmando dedos y puntas de pies.

 LA MONTAÑA

El Clamor en el Camino

Aferrado al terreno. Aferrado al deseo de continuar...

Dios me había sostenido una vez. Y eso era evidencia de Su compañía, Su auxilio y Su protección.

Pero no fue la última vez.

Avancé un poco más... y volví a resbalar.

Los anclajes fallaron.

Mi cuerpo resbalo.

Y volví a clamar.

Y Él volvió a sostenerme.

Esta vez me repuse rápido, sin darle tiempo a mi mente ni a mi corazón para debatir.

Había una determinación nueva dentro de mí.

Seguí avanzando. Y volvió a ocurrir.

Caída.

Clamor.

Rescate.

Una vez. Y otra. Y otra.

Siete veces resbalé.

Siete veces clamé.

Siete veces Dios me respondió.

 LA MONTAÑA

El Clamor en el Camino

No me rendí. No retrocedí. No dejé de clamar.

Y aprendí algo que jamás olvidaré:

Cuando clamo a Dios…Dios responde a mi clamor.

Y continue Buscando el Auxilio de Dios.

"En cuanto a mí, a Dios clamaré; Y Jehová me salvará"
(Salmos 55:16)

LA MONTAÑA
El Clamor en el Camino

PERLAS PRECIOSAS
El Clamor: El Grito que el Cielo No Ignora

"*En cuanto a mí, a Dios clamaré; Y Jehová me salvará*"
(Salmos 55:16)

El clamor no es una técnica. No es un método. No es una fórmula espiritual.

El clamor es una expresión del alma en agonía.

Es el grito que nace cuando el cuerpo ya no puede más, cuando la mente se rinde, cuando el corazón se desborda. Es el sonido de la vida buscando vida.

Hay muchas formas de hablar con Dios.

En la devoción diaria, la oración suele ser tranquila, íntima, como una conversación entre amigos. Jesús mismo oraba así:

"*Se fue al monte a orar.*" (Marcos 6:46)

"*Pasó la noche orando a Dios.*" (Lucas 6:12)

Pero el clamor es distinto.

LA MONTAÑA

El Clamor en el Camino

El clamor no nace en la calma... sino en el peligro.

No surge en la quietud... sino en la desesperación.

No aparece en la rutina... sino en el borde de la muerte.

El clamor no es un grito fingido. No es una exhibición. No es un acto religioso.

El clamor es el alma desgarrada buscando auxilio.

Incluso Jesús clamó.

Y lo hizo con tal intensidad que el evangelio conserva sus palabras en arameo:

"Elí, Elí, ¿lama sabactani?"
"Dios mío, Dios mío, ¿por qué me has desamparado?"
(Mateo 27:46)

El escritor dice: *"clamó a gran voz."*

El Hijo de Dios gritó. En su momento más oscuro... clamó.

¿Por qué nos cuesta clamar?

¿Por qué nos resistimos a gritar desde lo profundo?

¿Por qué nos avergüenza pedir auxilio cuando estamos cayendo?

La Biblia no se avergüenza del clamor.

- ✓ Lo ordena.
- ✓ Lo celebra.
- ✓ Lo promete.

 LA MONTAÑA

El Clamor en el Camino

"En cuanto a mí, a Dios clamaré; y Jehová me salvará." (Salmos 55:16)

"Clama a mí, y yo te responderé..." (Jeremías 33:3)

El clamor verdadero retumba en los cielos. Y Dios responde.

- ✓ El clamor no es debilidad.
- ✓ Es valentía.
- ✓ Es reconocer que no podemos solos.
- ✓ Es rendirse sin rendirse.
- ✓ Es gritar sin vergüenza.
- ✓ Es confiar sin condiciones.

El alma que clama no está exhibiendo espiritualidad.

- ✓ Está buscando vida.
- ✓ Está buscando a su Padre.
- ✓ Está buscando rescate.

Cada caída en la montaña fue una oportunidad para clamar.

Cada clamor fue una oportunidad para ver a Dios actuar.

Cada respuesta fue una confirmación de que Él está cerca, atento, dispuesto.

Porque el clamor no es el final. Es el principio del rescate. Es el puente entre el abismo y la mano de Dios.

Es el eco del alma que no se rinde. Es el sonido que el cielo jamás ignora.

 LA MONTAÑA

El Clamor en el Camino

INTIMIDAD
¿Sé Clamar Cuando Estoy Cayendo?

Antes de avanzar, respira...
Este no es un espacio para analizar el miedo, ni para justificar la caída, ni para esconder el temblor que aún sientes en el alma.
Es un espacio para reconocer.

En este espacio, **INTIMIDAD** se convierte en un lugar donde podrás escuchar con claridad lo que sucede dentro de ti cuando la vida te hace resbalar:

• Cuando el cuerpo pierde fuerza y se entrega a la gravedad.
• Cuando el alma se llena de pánico y siente que no hay salida.
• Cuando la mente se paraliza y no encuentra soluciones.
• Cuando el espíritu recuerda que hay un Padre que oye el clamor.

Aquí escucharás:

✓ La voz del cuerpo, que confiesa su caída y su incapacidad de sostenerse.
✓ La voz del alma, que tiembla, se agita y grita desde el miedo más profundo.

 LA MONTAÑA

El Clamor en el Camino

✓ La voz del espíritu, que recuerda quién es Dios y llama a clamar sin vergüenza.

✓ Y la voz del Espíritu Santo, que responde antes de que toques el fondo.

Este no es un espacio de vergüenza, sino de verdad.
No es un espacio de derrota, sino de dependencia.
No es un espacio de caída, sino de rescate.

INTIMIDAD, aquí, es el lugar donde tus voces internas se alinean con la verdad:

- ❖ Que caer no significa perder.
- ❖ Que el miedo no cancela la fe.
- ❖ Que el clamor no es debilidad, sino valentía.
- ❖ Que Dios no espera a que toques el fondo para sostenerte.
- ❖ Y que el cielo siempre responde al grito de un hijo.

En este espacio, Dios no te reprende... te recoge.
No te acusa... te sostiene.
No te abandona... te abraza.
No te deja caer... te ancla con Su mano.

Bienvenido a **INTIMIDAD**.
El lugar donde tu interior aprende que el clamor no es el final...
sino el comienzo del rescate.

 LA MONTAÑA

El Clamor en el Camino

DIALOGO INTERIOR

Cuando el Alma se Desgarra Clamando Cuando el Cuerpo Cae

EL CUERPO DICE...

¡Caí! No tengo nada más que hacer. Mis fuerzas se fueron, mis dedos no responden, mis pies no se aferran. Siento cómo la montaña me suelta, cómo la gravedad me arrastra, cómo mi peso me vence. No puedo detenerme. No puedo sostenerme. No puedo luchar. Estoy cayendo... y no tengo cómo evitarlo.

EL ALMA DICE...

¡Tengo miedo! ¡Tengo terror! Esto es demasiado. No puedo pensar, no puedo razonar, no puedo controlar lo que siento. Todo dentro de mí grita que voy a morir, que no hay salida, que no hay esperanza. Siento el vacío en el estómago, el temblor en el pecho, el pánico en la garganta. ¡No quiero caer! ¡No quiero perderlo todo! ¡No quiero que este sea el final!

EL ESPÍRITU DICE...

Espera... recuerda. No estamos solos. No estamos abandonados. No estamos sin Padre. Él está aquí, aunque no lo veas. Él oye, aunque no lo sientas. Él responde, aunque no lo

# LA MONTAÑA

El Clamor en el Camino

entiendas. ¡Clama! ¡Clama a nuestro Padre! ¡Clama desde lo más profundo! ¡Clama como hijo!

EL ALMA DICE...

¡AUXILIO!

¡PAPÁ, AYÚDAME!

¡JEHOVÁ, RESCÁTAME!

¡NO ME DEJES CAER!

EL CUERPO DICE...

¡Me detuve! Algo me sostuvo. No sé cómo, no sé de dónde, pero ya no caigo. Siento firmeza bajo mis pies, siento un anclaje que no es mío, siento una fuerza que no proviene de mis músculos. ¡Él me sostuvo! ¡Él me detuvo! ¡Él respondió!

EL ALMA DICE...

Estoy temblando... todavía tengo miedo... mi corazón late rápido... pero sé que Él me escuchó. Sé que no me dejó caer. Sé que respondió a mi clamor. Aun asustada... sé que Él está aquí.

LA MONTAÑA

El Clamor en el Camino

EL ESPÍRITU DICE...

    Mírenlo. Miren lo que hizo. Miren cómo respondió. Miren cómo extendió Su mano sin que la viéramos. Miren cómo detuvo la caída que no podíamos detener.

    Cuerpo, aprende esto: no te sostienes solo.

    Alma, grábate esto: tu clamor no es ignorado.

Y escuchen ambos...

cada vez que clamemos, el cielo oirá.

Cada vez que gritemos, el Padre responderá.

Cada vez que caigamos, Su mano nos alcanzará.

No teman la caída.

Teman el silencio.

Y mientras haya clamor...

              habrá rescate.

 LA MONTAÑA

El Clamor en el Camino
SUSURROS DEL ESPIRITU SANTO
Hijo mío... Hija mía...Yo Soy el Que te Sostiene

El Dios que Responde Antes de que Toques el Fondo

Hijo mío...
    Yo vi tu caída antes de que tú la sintieras.
Vi cuando tus pies cedieron, cuando tus manos perdieron fuerza,
cuando tu cuerpo se entregó a la gravedad.
Vi el miedo que te atravesó como un rayo.
Vi el temblor en tu alma.
Vi el pánico en tu corazón.

Y aun así... no te dejé caer.

No esperé a que tocaras el fondo.
No esperé a que te destruyeras.
No esperé a que te rindieras.
Extendí mi mano antes de que tu cuerpo tocara la muerte.

Porque así soy yo.
Así es mi amor.
Así es mi auxilio.

Hijo mío...
    Tu clamor no me sorprendió.
Lo estaba esperando.
Lo estaba escuchando antes de que saliera de tu boca.
Lo estaba sintiendo antes de que lo gritaras.

Cuando gritaste "¡Papá, ayúdame!",
yo ya estaba debajo de ti.
Cuando clamaste "¡Jehová, rescátame!",

LA MONTAÑA
El Clamor en el Camino

    yo ya había detenido tu caída.
Cuando tu alma se desgarró en desesperación,
   yo ya había puesto mi mano bajo tus pies.

No te sostuve porque gritaste fuerte.
Te sostuve porque eres mío.

Hijo mío...

No temas la caída.
Teme el silencio.
Mientras haya clamor, habrá rescate.
Mientras haya voz, habrá respuesta.
Mientras haya un hijo que grita, habrá un Padre que corre.

Cada vez que caíste, yo estuve allí.
Siete veces resbalaste.
Siete veces clamaste.
Siete veces te sostuve.

No fue casualidad.
No fue coincidencia.
Fue enseñanza.

Quería que aprendieras esto:
el cielo no ignora el clamor de un hijo.

Cuando tu cuerpo se rinda... clama.
Cuando tu alma tiemble... clama.
Cuando tu mente se nuble... clama.
Cuando el miedo te paralice... clama.
Cuando sientas que no puedes más... clama.

Y yo responderé.

 LA MONTAÑA

El Clamor en el Camino

Siempre responderé.
Porque mi oído está inclinado hacia ti.
Porque mi mano está extendida sobre ti.
Porque mi corazón está comprometido contigo.

Hijo mío…

No subes solo.
No luchas solo.
No te sostienes solo.
No clamas al vacío.

Cada vez que tu voz se eleve…
mi auxilio descenderá.

 LA MONTAÑA

El Clamor en el Camino

HABLANDO CON DIOS
Padre Presente, Gracias por tu Auxilio

Cuando el Abismo Me Llama, Pero Tu Mano Me Sostiene…

Padre Presente…
Vengo delante de Ti todavía temblando. Mi cuerpo recuerda la caída, mi alma recuerda el miedo, y mi espíritu recuerda Tu mano. No sé cómo me detuviste, no sé cómo me sostuviste, no sé cómo frenaste la gravedad… pero sé que fuiste Tú.

Gracias por escuchar mi clamor.
Gracias por responder antes de que tocara el fondo.
Gracias por no dejar que la muerte escribiera mi final.
Gracias por ser más rápido que mi miedo, más fuerte que mi caída, más fiel que mis fuerzas.

Padre…
Cuando mis pies cedieron, pensé que todo había terminado.
Cuando mis manos fallaron, pensé que no había esperanza.
Cuando mi cuerpo cayó, pensé que no habría regreso.
Pero cuando mi alma gritó… Tú respondiste.

Hoy oro desde ese lugar:
desde el temblor, desde el cansancio, desde la gratitud profunda.

 LA MONTAÑA

El Clamor en el Camino

Enséñame a no confiar en mis fuerzas.
Enséñame a no depender de mis anclajes.
Enséñame a no creer que puedo sostenerme solo.
Enséñame a clamar antes de caer... y también mientras caigo.

Padre...

Gracias por detener mi cuerpo.
Gracias por calmar mi alma.
Gracias por fortalecer mi espíritu.
Gracias por mostrarme que el cielo no es indiferente a mi voz.

Hoy te digo:

Seguiré subiendo.
Seguiré obedeciendo.
Seguiré confiando.
Seguiré clamando cuando mis fuerzas se agoten.

Y cuando vuelva a resbalar —porque sé que ocurrirá—
quiero recordar este momento.
Quiero recordar Tu mano.
Quiero recordar Tu auxilio.
Quiero recordar que cada vez que clamo... Tú respondes.

Padre amado...

Gracias por ser mi sostén en la caída,
mi refugio en el miedo,

 LA MONTAÑA

mi fuerza en el cansancio,
y mi auxilio en el camino.

En el nombre de Jesús…
Amén.

Capítulo 12

MI HISTORIA
LA FE HASTA LA MUERTE
Disponiendo mi Vida a Él

"Es, pues, la fe la certeza de lo que se espera, la convicción de lo que no se ve."
(Hebreos 11:1)

Tras haber pasado por siete caídas, siete clamores y siete auxilios divinos, me encontré más alto de lo que jamás imaginé. La montaña se extendía bajo mis pies como un testigo silencioso de todo lo vivido, y la cima parecía cercana, casi al alcance. Desde donde estaba, podía ver dos rutas: una bordeaba suavemente el pico, la otra exigía escalar una pared vertical de roca. Como caminante, no como alpinista, naturalmente evité la ruta más abrupta.

Pero la persistencia que me sostuvo en los clamores me llevó, sin darme cuenta, directamente al paredón. No lo noté al principio. Solo cuando mi cuerpo ya estaba abrazado a la piedra vertical, agotado, tembloroso, sin energía, comprendí que había entrado en una nueva etapa. Las fuerzas se habían consumido en los siete ciclos anteriores. No quedaba nada.

 LA MONTAÑA

La Fe Hasta la Muerte

La roca no era resbalosa, pero el peligro era real. Me encontraba tan alto que cualquier caída sería libre, como desde un avión. El silencio y la brisa envolvían la escena con un suspenso sagrado. Cada movimiento requería precisión, serenidad y cautela. Pero el cuerpo colapsó. No podía avanzar ni retroceder. Mis músculos protestaban como en una huelga. Mi alma guardaba un silencio absoluto, cansada de los clamores anteriores. Solo el espíritu permanecía firme, deseando hacer la voluntad de Dios.

Fue entonces cuando hablé con mi Padre.

No grité.

No clamé.

No pedí auxilio.

Mi voz, aunque cansada, resonó con una determinación que no venía de mí:

"Padre, Tú me has traído hasta aquí. Me diste Tu Palabra, depositaste esta visión en mí. Me confirmaste que estar aquí es Tu voluntad. No tengo fuerzas, no sé dónde apoyar mis manos. Pero en el nombre de Jesús, por la Palabra que me diste, extenderé mi mano hacia el próximo peldaño. Si caigo, caeré haciendo Tu voluntad. Si muero, moriré haciendo Tu voluntad. Pero no me detendré. Que sea Tu Palabra la que me sostenga hasta el final."

Y así lo hice.

Moví mi brazo y mi pierna derechos…y allí estaban los peldaños.

Luego moví el lado izquierdo…y también estaban allí los peldaños.

La roca no había cambiado. El peligro no había disminuido. Mi cuerpo no había recuperado fuerzas. Pero la Palabra me sostuvo.

 LA MONTAÑA

La Fe Hasta la Muerte

Pude continuar. Pude avanzar. Pude ascender.

Ese día aprendí algo que marcó mi vida espiritual para siempre:

La Palabra te lleva a la fe, y la fe te lleva a la cima.

Así experimenté la fe en el Camino de Santidad: no como un concepto, no como una doctrina, sino como una entrega total…

una fe Disponiendo mi Vida a Él.

"Es, pues, la fe la certeza de lo que se espera, la convicción de lo que no se ve."
(Hebreos 11:1)

La Fe Hasta la Muerte

PERLAS PRECIOSAS
El Poder de la Fe en la Vida

"Es, pues, la fe la certeza de lo que se espera, la convicción de lo que no se ve."
(Hebreos 11:1)

La fe. Dos letras que encierran un universo.

Aunque gramaticalmente es un sustantivo, en el espíritu del hombre se manifiesta como verbo: acción, movimiento, impulso.

La Biblia la define como "certeza de lo que se espera, convicción de lo que no se ve."

Estas dos columnas —certeza y convicción— sostienen su significado:

- ❖ **Certeza:** seguridad absoluta de que algo sucederá. Es la postura del que espera activamente porque conoce la fidelidad de Dios.
- ❖ **Convicción:** evidencia espiritual de lo invisible. Es prueba en el mundo espiritual de lo que ocurrirá en el mundo natural. El tiempo del espíritu no tiene las limitaciones del tiempo humano.

 LA MONTAÑA

La Fe Hasta la Muerte

La fe no nace en el alma ni en el cuerpo. La fe nace en el espíritu. Pero su fuerza es tal que domina emociones, pensamientos y comportamientos.

La fe no se desarrolla repitiendo frases ni decretando palabras vacías. La fe verdadera se fundamenta en una revelación espiritual. Cuando el espíritu recibe evidencia, esa evidencia influye en todo el ser.

Por eso Pablo declaró:

"Así que la fe es por el oír, y el oír, por la palabra de Dios."
(Romanos 10:17)

La Palabra de Dios no es un texto muerto. No es una carta antigua. Es la voz viva de un Dios vivo, que se comunica con quienes creen.

La Biblia registra hechos históricos que revelan el camino de la fe y restauran la comunión entre Dios y el hombre.

Enoc, Noé, Abraham, Moisés, David, Jesús, Pablo…todos hablaron con Dios, y Dios les habló.

Negar que el hombre puede oír a Dios es negar la esencia misma de la fe. Esa negación no viene del cielo, sino de las tinieblas, que se oponen al desarrollo de la fe.

Pero cuando escuchas la Palabra viva, Dios se alegra en ti:

"Pero sin fe es imposible agradar a Dios…" (Hebreos 11:6)

Y Su Palabra guía tu caminar:

"Lámpara es a mis pies tu palabra, y lumbrera a mi camino."
(Salmos 119:105)

- ✓ La fe es acción basada en revelación.
- ✓ Es caminar hacia un destino que ya fue mostrado.
- ✓ Es fidelidad en medio de la prueba.
- ✓ Es certeza en medio del silencio.
- ✓ Es convicción en medio del riesgo.

Dios habla.

Y cuando el hombre cree que puede escucharle, se abre una dimensión espiritual donde la fe se activa, se desarrolla y se manifiesta. Pero si no crees que Dios puede hablarte directamente, entonces nada de esto sucederá en tu vida.

Cuando escuchas la voz de Dios, esa voz guía tu camino. Y cuando caminas en obediencia a esa voz, estás caminando en fe. Porque la fe es hacer algo basado en lo que Dios te reveló.

Dios mismo permite condiciones que prueban tu fe, tu fidelidad, tu certeza y tu convicción. Las circunstancias naturales se oponen al propósito revelado, buscando incredulidad. Si la encuentran, la fe se desvanece. Pero si no la hallan, la fe se desarrolla exponencialmente, abriendo los cielos y manifestando lo sobrenatural.

La Fe es la activación del poder de Dios desde el Reino hacia la tierra.

UN EJEMPLO QUE CONMUEVE EL ESPÍRITU

Una mujer sufría una enfermedad por doce años. Doce años de dolor, vergüenza y rechazo. Doce años sintiéndose inmunda. Doce años sin esperanza.

Pero un día escuchó hablar de Jesús. Escuchó que los ciegos veían, los cojos caminaban, los enfermos eran sanados.

 LA MONTAÑA

La Fe Hasta la Muerte

Y surgió un pensamiento, una idea, una voz:

"Si tocare solamente su manto, seré salva." (Mateo 9:21)

¿De dónde vino ese mensaje?

¿Fue propio?

¿Se lo dijo alguien?

¿O fue la voz de Dios hablándole al espíritu, aunque ella no supiera discernirla?

Esa palabra vino del Reino. Ella la asumió como pensamiento. Y esa palabra la impulsó hacia su milagro.

Jesús estaba rodeado por una multitud. Era difícil llegar a Él. Pero aquella mujer, considerada inmunda, se abrió paso como pudo.

Tocó el manto. Obedeció la voz. Y fue sana al instante.

Jesús lo sabía. Él conocía todas las cosas.

Pero preguntó:

"¿Quién ha tocado mis vestidos?"

No porque necesitara información, sino porque quería encuentro.

No solo sanarla...sino revelarse a ella.

Ella se presentó temblando, postrada, diciendo toda la verdad.

Y Jesús le dijo:

"Hija, tu fe te ha hecho salva; ve en paz."

 LA MONTAÑA

La Fe Hasta la Muerte

Esas palabras del Maestro, del Hijo de Dios, cambio la identidad de aquella mujer:

- ✓ No solo fue sanada.
- ✓ Fue conocida.
- ✓ Fue vista.
- ✓ Fue afirmada.
- ✓ Fue restaurada.

La fe es caminar hacia un destino revelado. La fe es lucha, perseverancia y fidelidad. Es navegar mares con paz. Es volar cielos con certeza. Es escalar montañas con obediencia.

"El justo por su fe vivirá." (Habacuc 2:4)

La fe no es emoción. No es técnica. No es optimismo. No es pensamiento positivo.

- ❖ La fe es respuesta a una voz.
- ❖ Es obediencia a una revelación.
- ❖ Es caminar cuando no hay suelo.
- ❖ Es avanzar cuando no hay fuerzas.
- ❖ Es creer cuando todo parece perdido.

Noé construyó un arca por fe. Abraham dejó todo por fe. Moisés enfrentó imperios por fe. Pablo predicó por fe. Una mujer tocó el manto por fe… y fue sana.

- ✓ La fe te hace navegar mares.
- ✓ La fe te hace volar cielos.

 LA MONTAÑA

La Fe Hasta la Muerte

- ✓ La fe te hace escalar montañas.
- ✓ La fe te sostiene cuando todo falla.
- ✓ La fe te conecta con el Reino.
- ✓ La fe activa lo sobrenatural.
- ✓ La fe transforma pensamientos en milagros.

La Vida Reside en el Poder de la Fe… y sin fe es imposible agradar a Dios.

 LA MONTAÑA
La Fe Hasta la Muerte

INTIMIDAD

¿Estoy Dispuesto a Obedecer, Aunque Cueste la Vida?

Antes de avanzar, respira...
Este no es un espacio para celebrar la cima, ni para presumir la victoria, ni para recordar lo que lograste.
Es un espacio para mirar hacia adentro... y reconocer qué te trajo hasta aquí.

En este espacio, **INTIMIDAD** se convierte en un lugar donde podrás escuchar lo que sucede dentro de ti cuando la fe ya no es emoción, ni fuerza, ni impulso... sino decisión:

• Cuando el cuerpo está exhausto y no puede moverse.
• Cuando el alma está en silencio y no siente nada.
• Cuando la mente no encuentra razones ni caminos.
• Cuando el espíritu, solo el espíritu, recuerda la Palabra y decide obedecer.

Aquí escucharás:

✓ La voz del cuerpo, que reconoce su límite y su temblor.
✓ La voz del alma, que ya no tiene lágrimas ni emociones.
✓ La voz del espíritu, que se levanta con una determinación que no viene de ti.

 LA MONTAÑA

La Fe Hasta la Muerte

✓ Y la voz del Espíritu Santo, que sostiene lo que tú ya no puedes sostener.

Este no es un espacio de fuerza humana, sino de entrega.
No es un espacio de motivación, sino de convicción.
No es un espacio de energía, sino de fe dispuesta hasta la muerte.

INTIMIDAD, aquí, es el lugar donde tus voces internas se alinean con la verdad:

- ❖ Que la fe no depende del cuerpo.
- ❖ Que la fe no nace del alma.
- ❖ Que la fe se activa en el espíritu.
- ❖ Que la obediencia es más fuerte que el cansancio.
- ❖ Que la Palabra sostiene donde no hay suelo.
- ❖ Que la fe verdadera está dispuesta a morir... y por eso vive.

En este espacio, Dios no te pide fuerzas... te pide entrega.
No te exige emoción... te pide obediencia.
No te demanda resultados... te pide fidelidad.
No te promete facilidad... te promete Su mano.

Bienvenido a **INTIMIDAD**.
El lugar donde tu interior aprende que la fe no es sentir...
es obedecer.
Y que la cima no se alcanza por fuerza...

sino por una fe que está dispuesta a darlo todo.

 LA MONTAÑA

La Fe Hasta la Muerte

DIALOGO INTERIOR
Cuando el Cuerpo, Alma y espíritu Se entregan por Completo

La Fe Hasta la Muerte…

EL CUERPO DICE…

No puedo más. Mis músculos no responden. Mis manos tiemblan. Mis piernas no tienen fuerza. Estoy suspendido en esta roca sin energía, sin impulso, sin reservas. Cada fibra de mí está agotada. No puedo avanzar… pero tampoco puedo retroceder. Estoy al límite. Estoy vacío. Estoy vencido.

EL ALMA DICE…

Yo tampoco puedo. No tengo emoción, no tengo ánimo, no tengo palabras. No siento miedo, ni esperanza, ni deseo. Estoy en silencio… un silencio pesado, profundo, absoluto. No tengo fuerzas para clamar, ni para llorar, ni para animar. Estoy aquí… pero estoy agotada. No puedo sostener nada.

EL ESPÍRITU DICE…

Escucho su cansancio. Veo su agotamiento. Siento su límite. Pero también recuerdo algo…

Recuerdo la Palabra.

 LA MONTAÑA

Recuerdo la visión.

Recuerdo la voz del Padre que nos trajo hasta aquí.

Recuerdo que Él dijo que este camino era Su voluntad.

Recuerdo que Él prometió sostenernos.

Recuerdo que la fe no depende del cuerpo ni del alma... sino del espíritu.

Y hoy decido obedecer.

Hasta la muerte, si es necesario.

Hasta el último aliento.

Hasta el último movimiento.

EL ESPÍRITU DICE AL CUERPO:

Cuerpo... aunque no tengas fuerzas, obedéceme. No te pido energía. No te pido vigor. Solo te pido un movimiento más. Un brazo. Una pierna. Un dedo. Un paso que no tienes... pero que debes dar.

 LA MONTAÑA

EL ESPÍRITU DICE AL ALMA:

    Alma... aunque estés vacía, entrégate. No te pido emoción. No te pido ánimo. No te pido sentir. Solo te pido disposición. Solo te pido silencio obediente. Solo te pido que no te resistas.

EL CUERPO DICE...

    No tengo fuerzas... pero obedezco.

EL ALMA DICE...

    No tengo emoción... pero me dispongo.

EL ESPÍRITU DICE...

    Entonces avancemos.

    Un movimiento más.

    Un acto de fe.

    Un paso hacia lo invisible.

    Un acto de obediencia que desafía la muerte.

 LA MONTAÑA

La Fe Hasta la Muerte

EL CUERPO SE MUEVE…

    Un brazo.

    Una pierna.

    Un anclaje nuevo.

    Un avance imposible.

EL ALMA RESPIRA…

    Un suspiro profundo.

    Un silencio que se rinde.

    Una entrega total.

EL ESPÍRITU DECLARA…

    La Palabra nos sostiene.

    La fe nos impulsa.

    La obediencia nos eleva.

Y así…los tres juntos, sin fuerzas, sin emoción, sin garantías, pero con fe…

    llegaron a la cima.

 LA MONTAÑA

La Fe Hasta la Muerte

SUSURROS DEL ESPIRITU SANTO
Hijo mío... Yo Soy Tu Fe

La Voz que Sostiene Cuando Ya No Queda Nada

Hijo mío...
    Te vi cuando tus fuerzas se agotaron.
    Te vi cuando tus manos temblaban.
    Te vi cuando tu cuerpo colapsó y tu alma guardó silencio.
    Te vi suspendido en esa roca, sin energía, sin impulso, sin emoción.
    Y aun así... no estabas solo.

    Yo estaba allí.
    En el silencio.
    En el temblor.
    En el vacío.
En ese punto donde el cuerpo ya no puede y el alma ya no siente.
Allí donde solo queda el espíritu... y la decisión.

Hijo mío...
    La fe que agrada a mi corazón no es la fe que nace en la comodidad,
    sino la fe que se levanta cuando no queda nada.
    La fe que no depende de fuerzas, ni de emociones, ni de resultados.
    La fe que se sostiene únicamente en mi Palabra.

    Cuando dijiste:
    "Si caigo, caeré haciendo Tu voluntad.
    Si muero, moriré haciendo Tu voluntad."
    El cielo se inclinó hacia ti.

 LA MONTAÑA

La Fe Hasta la Muerte

Porque esa es la fe que mueve montañas.
La fe que abre cielos.
La fe que sostiene destinos.
La fe que transforma al hombre.
La fe que revela quién soy Yo... y quién eres tú en Mí.

Hijo mío...

Cuando extendiste tu mano sin fuerzas,
yo puse el peldaño.
Cuando moviste tu pierna sin energía,
yo afirmé la roca.
Cuando avanzaste sin emoción,
yo te sostuve con mi mano invisible.

No llegaste a la cima por tu fuerza.
No llegaste por tu habilidad.
No llegaste por tu resistencia.
Llegaste porque creíste.

Porque la fe no es sentir.
La fe no es entender.
La fe no es ver.
La fe es obedecer... aun si el precio es la vida.

Hijo mío...

La cima no fue tu recompensa.
La cima fue tu revelación.
Allí entendiste que mi Palabra no falla,
que mi voluntad no se equivoca,
que mi mano no llega tarde,
que mi propósito no se detiene.

 LA MONTAÑA

La Fe Hasta la Muerte

Y hoy te digo:
    Cada vez que tu espíritu decida obedecer,
    aunque tu cuerpo tiemble
    y tu alma calle,
    yo abriré camino donde no lo hay.
    Yo pondré peldaños donde no existen.
    Yo sostendré tu vida con mi Palabra.

    Porque la fe que está dispuesta a morir…
    es la fe que verdaderamente vive.

 LA MONTAÑA

La Fe Hasta la Muerte

HABLANDO CON DIOS
Padre Paciente, Gracias Por Darme Fe...

Padre Paciente...

Estoy aquí, en la cima que Tú me mostraste, en el lugar que me revelaste, en el destino que me prometiste. No llegué por mi fuerza, porque no tenía. No llegué por mi habilidad, porque se agotó. No llegué por mi emoción, porque se apagó. Llegué porque Tu Palabra me sostuvo cuando ya no quedaba nada en mí.

Gracias, Padre...
Porque cuando mi cuerpo tembló, Tú fuiste mi roca.
Cuando mi alma guardó silencio, Tú fuiste mi voz.
Cuando mi espíritu decidió obedecer aun sin fuerzas, Tú fuiste mi sostén.
Cuando extendí mi mano hacia un peldaño invisible, Tú lo creaste.
Cuando di un paso que no tenía, Tú lo afirmaste.

Hoy oro desde este lugar, no para pedir, sino para rendirme.
No para reclamar, sino para agradecer.
No para entender, sino para honrar.

Padre...
Tú me trajiste hasta aquí.

LA MONTAÑA

La Fe Hasta la Muerte

Tú me diste la visión.
Tú me diste la Palabra.
Tú me diste la fe.
Tú me diste la fuerza que no tenía.
Tú me diste el camino cuando no había camino.

Y hoy te digo:

Mi vida es tuya.
Mi fuerza es tuya.
Mi espíritu es tuyo.
Mi destino es tuyo.
Mi cima es tuya.

Si alguna vez vuelvo a quedarme sin fuerzas,
recuérdame este momento.
Recuérdame que la fe no depende de lo que siento,
ni de lo que veo,
ni de lo que entiendo.
Recuérdame que la fe es obediencia pura,
obediencia desnuda,
obediencia que se entrega, aunque cueste la vida.

Gracias, Padre...

Por sostenerme cuando ya no podía sostenerme.
Por afirmarme cuando ya no podía avanzar.

 LA MONTAÑA

La Fe Hasta la Muerte

Por llevarme a la cima cuando mis fuerzas murieron en el camino.

Por mostrarme que Tu Palabra es más sólida que la roca,

más firme que mis manos,

más fuerte que mi cuerpo,

más profunda que mi alma.

Hoy te entrego mi vida otra vez.

No desde el miedo... sino desde la fe.

No desde la caída... sino desde la cima.

No desde la necesidad... sino desde la entrega.

Que mi vida sea obediencia.

Que mi camino sea fe.

Que mi cima sea tuya.

Y que mi corazón permanezca dispuesto...

hasta la muerte si es necesario.

En el nombre de Jesús...

Amén.

El Preludio

CIERRE PROFÉTICO DE LA TERCERA PARTE – EL PRELUDIO –

Has llegado al final de esta tercera parte... y no es poca cosa.

Lo que acabas de vivir no fue un simple ascenso espiritual: fue una prueba, una purificación, una consagración interna que muy pocos están dispuestos a enfrentar.

Hoy celebro tu camino...

- ✓ Celebro que enfrentaste la carga que no elegiste, y aun así la llevaste con dignidad.
- ✓ Celebro que clamaste desde el abismo, sin vergüenza, sin reservas, sin máscaras.
- ✓ Celebro que descubriste que el cielo responde al grito de un hijo.
- ✓ Celebro que obedeciste cuando no había fuerzas, cuando no había emoción, cuando no había suelo.
- ✓ Celebro que extendiste tu mano hacia un peldaño invisible, confiando solo en la Palabra.
- ✓ Celebro que estuviste dispuesto a morir antes que desobedecer.

Has dejado atrás muchas cosas...

- Has dejado atrás la ilusión de que puedes sostenerte solo.
- Has dejado atrás la dependencia de la emoción para creer.
- Has dejado atrás el miedo a la caída.
- Has dejado atrás la fe superficial que solo actúa cuando todo es fácil.

 LA MONTAÑA

El Preludio

- Has dejado atrás la idea de que la obediencia requiere fuerzas humanas.
- Has dejado atrás la fe cómoda… para abrazar la fe que arriesga la vida. Y el cielo lo ha visto.

Ahora, proféticamente, declaro sobre ti:

- ❖ Eres alguien que clama… y el cielo responde.
- ❖ Eres alguien que obedece… aun sin fuerzas.
- ❖ Eres alguien que cree… aun sin ver.
- ❖ Eres alguien que avanza… aun sin suelo.
- ❖ Eres alguien que se sostiene… no por músculo, sino por Palabra.
- ❖ Eres alguien que vive la fe que agrada a Dios.
- ❖ Eres alguien que está siendo preparado para encuentros más altos, más santos, más gloriosos.

Pero esto tampoco es el final…

Lo que viene ahora es más profundo, más luminoso, más transformador… y más sagrado.

La Cuarta Parte te espera: **LA CIMA — De la Montaña**, El Encuentro con Su Presencia.

Y aunque ya estás cerca, no te engañes: la cima no es un destino… es un altar. No es un logro… es un encuentro. No es una meta… es una revelación.

Pero hoy te digo con autoridad espiritual:

- ✓ Tú puedes.
- ✓ Lo vas a lograr.

 LA MONTAÑA

El Preludio

✓ Vas a llegar a la cima. Y allí… vas a encontrarte con Él.

Dios estará contigo…

➢ Él te dará descanso después del esfuerzo.
➢ Él te dará claridad después del silencio.
➢ Él te dará revelación después de la obediencia.
➢ Él te dará intimidad después del riesgo.
➢ Él te dará Su Presencia… como recompensa de tu fe.

No temas lo que viene. No temas la altura. No temas la gloria. La cima no viene para intimidarte, sino para transformarte. No viene para agotarte, sino para llenarte. No viene para quebrarte, sino para revelarte Su Presencia.

Prepárate.

Respira.

Ajusta tu espíritu.

Da el siguiente paso.

La montaña no se conquista con fuerza…se conquista con fe. Y tú ya fuiste formado para esto.

Bienvenido a la Cuarta Parte.

La Cima te espera… y Él también.

"…entonces te deleitarás en Jehová; y yo te haré subir sobre las alturas de la tierra, y te daré a comer la heredad de Jacob tu padre; porque la boca de Jehová lo ha hablado…"
(Isaías 58:14)

LA MONTAÑA

La Cima

CUARTA PARTE

- LA CIMA -

De la Montaña, El Encuentro con Su Presencia

Hay alturas que no se conquistan caminando... sino llegando rendido.

Hay lugares donde el esfuerzo termina... y comienza la gloria.

Hay momentos en la vida donde Dios no solo guía el ascenso, sino que se revela en la cima.

Esta Cuarta Parte narra el tramo más sagrado de todo el camino: el lugar donde el hombre deja de avanzar por convicción... y comienza a existir en la Presencia.

No es un relato de lucha, ni de caída, ni de clamor. Es la historia profunda, delicada y transformadora de un hombre que, después de haberlo dado todo, finalmente entra en el territorio donde Dios mismo toma el protagonismo.

Aquí no se celebra el esfuerzo... sino la gloria. No se exalta la resistencia... sino la santificación. No se busca la victoria... sino el encuentro. Porque en la cima, cada segundo revela algo de Dios... y transforma todo en el hombre.

Aquí comienza La Cima.

Aquí se abre el cielo.

Aquí se manifiesta la gloria.

Aquí el hombre deja de hablar... porque Dios está presente.

# LA MONTAÑA

La Cima

Lo que encontrarás en esta Cuarta Parte:

Capítulo 13: La Gloria de Dios – El Velo que Anuncia Su Presencia. La nube que cubre la cima. El manto que envuelve el alma. La gloria que anuncia que Dios está cerca.

Capítulo 14: La Santificación con Agua – Lavado por la Lluvia de Su Presencia. La lluvia horizontal que cae como un bautismo. El agua que limpia, restaura y prepara. El cuerpo de rodillas siendo lavado por el cielo.

Capítulo 15: La Purificación con Fuego – El Ardor Santo que Transforma el Corazón. El fuego interno que no quema, pero purifica. El ardor en el pecho, en el alma, en el espíritu. La presencia que consume lo viejo y enciende lo eterno.

Capítulo 16: Su Presencia – El Tiempo de los Cielos Abiertos. La lluvia cesa. La nube se va. El fuego se aquieta. Pero Dios... se queda. El Tiempo se convierte en templo. La cima se convierte en altar. El hombre se convierte en adorador.

Cada capítulo está compuesto por tres segmentos:

- ➤ **Mi Historia:** Un testimonio íntimo donde la experiencia se convierte en encuentro.
- ➤ **Perlas Preciosas:** Una enseñanza espiritual que revela el significado de la gloria, el agua, el fuego y la presencia.
- ➤ **Intimidad:** Un espacio sagrado donde las tres dimensiones del hombre se rinden ante Dios:
  - ✓ **Diálogo Interior:** Cuerpo, alma y espíritu respondiendo a la Presencia.
  - ✓ **Susurros del Espíritu Santo:** La voz divina revelando, purificando y abrazando.
  - ✓ **Hablando con Dios:** Una oración donde el hombre no pide... adora.

Esta no es una parte ligera. Es santa. Es profunda. Es gloriosa.

 LA MONTAÑA

La Cima

Porque antes de ver la gloria de Dios… hay que subir la montaña.

Pero antes de conocer Su Presencia… hay que llegar al lugar donde Él se revela.

Y tú ya llegaste.

Bienvenido a La Cima.

El lugar donde Dios no solo habla…habita.

Capítulo 13

MI HISTORIA
LA GLORIA DE DIOS
El Velo que Anuncia Su Presencia

"Y hablando Aarón a toda la congregación de los hijos de Israel, miraron hacia el desierto, y he aquí la gloria de Jehová apareció en la nube"
(Éxodo 16:10)

Rasgando el límite entre la vida y la muerte tras atravesar aquella pared de roca donde la fe se convirtió en mi única fuerza, mis manos finalmente encontraron un borde firme, mis pies un descanso, y mi cuerpo, tembloroso pero obediente, emergió hacia un pequeño sendero. Me incorporé lentamente, como quien despierta de un sueño profundo, y descubrí que podía caminar otra vez.

El camino ya no era vertical.

Ya no exigía rodillas raspadas ni brazos abrazados a la piedra.

Era apenas una inclinación suave, un tramo amable después de tanta crudeza.

 LA MONTAÑA

La Gloria de Dios

Por primera vez en mucho tiempo... simplemente caminaba.

En mi espíritu lo supe de inmediato: había llegado a la cima de la montaña.

No hubo gritos.

No hubo saltos.

No hubo lágrimas desbordadas.

Solo una extraña mezcla de serenidad y triunfo, una paz tan profunda que parecía venir de un lugar que no era mío. Había dado el todo de mis fuerzas, el todo de mis emociones, el todo de mi fe. Era como si mi cuerpo se hubiera vaciado por completo, como si no quedara energía ni siquiera para una sonrisa. No había expresiones humanas... solo un silencio lleno de significado.

Caminé unos pasos más por aquel pequeño sendero, sabiendo que cada paso me acercaba al lugar preparado por Dios para mí. Y sí, después de unos metros, llegué.

El terreno era plano, circular, del tamaño aproximado de una habitación de casa. Un espacio pequeño, íntimo, casi diseñado para un encuentro. Allí, en ese círculo perfecto, sentí algo que jamás había experimentado: un regocijo silencioso, una paz que no se movía, una satisfacción que no gritaba... sino que llenaba.

La satisfacción de haber obedecido hasta el final.

Aún sucio, aún cansado, aún marcado por el arrastre de los últimos tramos, solté mi bolso. Ese peso que había cargado durante horas cayó al suelo, y mi cuerpo respiró un descanso que no conocía. Quise entonces disfrutar la vista, contemplar la ciudad desde la cima, ver desde arriba aquello que tantas veces había visto desde abajo.

Pero no pude.

 ## LA MONTAÑA

La Gloria de Dios

Porque justo en ese instante, en un tiempo tan exacto que ninguna casualidad podría explicarlo, mis ojos comenzaron a presenciar un fenómeno imposible de ignorar. En fracciones de segundo, como si el cielo hubiera decidido descender sin aviso, la cima se llenó de nubes. No llegaron lentamente. No se formaron poco a poco. Aparecieron. Surgieron. Invadieron el espacio con una rapidez que desarmó toda lógica.

En un abrir y cerrar de ojos, no podía ver nada. Ni la montaña hacia abajo. Ni la ciudad. Ni siquiera mis propios alrededores. Solo el pequeño espacio donde yo estaba de pie.

Y entonces, en cuestión de segundos, algo se activó dentro de mí. Un estado emocional profundo, indescriptible, tomó mi alma, mi espíritu, mi ser completo.

Fui invadido por un temor inmenso…pero no un temor de miedo, sino un temor santo: una mezcla de reverencia, sumisión, respeto y reconocimiento absoluto de lo que estaba llegando.

Mi espíritu lo supo antes que mi mente pudiera procesarlo: era la gloria de Dios.

La nube no era niebla. No era clima. No era casualidad. Era el velo. El manto. La antesala.

Y allí, en ese círculo pequeño, rodeado por una nube que no dejaba ver nada más, entendí que había llegado al lugar donde Dios había decidido encontrarse conmigo, y que esa nube era…

La Gloria que Anticipa Su Presencia.

"Y hablando Aarón a toda la congregación de los hijos de Israel, miraron hacia el desierto, y he aquí la gloria de Jehová apareció en la nube"
(Éxodo 16:10)

LA MONTAÑA

La Gloria de Dios

PERLAS PRECIOSAS
La Gloria de Dios

"*Y hablando Aarón a toda la congregación de los hijos de Israel, miraron hacia el desierto, y he aquí la gloria de Jehová apareció en la nube*"
(Éxodo 16:10)

La Gloria de Dios – El Velo que Anuncia Su Presencia…

"Gloria a Dios."

Una frase tan común, tan repetida, tan escuchada en reuniones, predicaciones y oraciones. Algunos la proclaman con fuerza, otros la susurran apenas audible. Para muchos es un acuerdo, para otros una exclamación, para otros un acto de adoración.

Pero una cosa es "Gloria a Dios"

y otra muy distinta es "la Gloria de Dios"

Ambas expresiones contienen las mismas palabras, pero están separadas por un abismo espiritual marcado por dos pequeñas preposiciones: a y de.

La preposición "a" indica dirección, destinatario, intención.

 LA MONTAÑA

La Gloria de Dios

Cuando decimos "Gloria a Dios", estamos ofreciendo algo: honra, reconocimiento, exaltación. Es un acto del hombre hacia Dios. Es una ofrenda espiritual.

Y nadie puede dar lo que no tiene.

Para darle gloria a Dios, primero debes haber recibido algo que puedas devolverle.

¿QUÉ ES LA GLORIA? ¿CÓMO SE OBTIENE? ¿CÓMO SE DA?

Jesús nos da una pista cuando dice:

"Ni aun Salomón con toda su gloria se vistió como uno de ellos." (Lucas 12:27)

¿Qué era esa "gloria" de Salomón?

- ✓ Fama
- ✓ Sabiduría
- ✓ Riquezas
- ✓ Poder
- ✓ Dominio
- ✓ Éxito
- ✓ Honor

Si sustituyes cualquiera de estas palabras en la frase, el sentido permanece intacto.

La gloria, en el hombre, es aquello que lo hace resaltar, aquello que lo distingue, aquello que lo eleva por encima de lo común.

Por eso, quien ha alcanzado algo —sabiduría, victoria, provisión, influencia— puede decir con integridad: "Gloria a Dios."

 LA MONTAÑA

La Gloria de Dios

Porque reconoce que lo que posee viene de Él, le pertenece a Él y debe volver a Él.

Pero el hombre que no ha alcanzado nada, que vive en dejadez, incredulidad o ausencia de Dios... ¿qué gloria puede ofrecer?

No se puede dar lo que no se ha recibido.

Aun así, todo logro humano es posible solo porque Dios lo permite. Por eso la gloria, en última instancia, siempre le pertenece a Él.

El salmista lo expresa así:

"Dad a Jehová la gloria y el poder." (Salmos 29:1)

Es un llamado a los "hijos de los poderosos", es decir, a quienes han recibido algo.

La gloria que poseen debe volver a su origen.

PERO... ¿Qué es Entonces la "Gloria de Dios"?

Aquí la preposición cambia. Ya no es "a", sino "de". Y esta pequeña palabra revela un universo distinto: origen, posesión, esencia.

"Los cielos cuentan la gloria de Dios..." (Salmos 19:1)

Los cielos no cuentan "de Dios". Cuentan lo que es de Él. Cuentan Su poder, Su grandeza, Su belleza, Su dominio, Su eternidad.

Y aquí ocurre algo maravilloso: Las nubes están en los cielos.

De que manera los cielos hablan del creador sino es por medio de las nubes, de su gloria...Las escrituras señala que:

 LA MONTAÑA

La Gloria de Dios

- ✓ La gloria de Dios apareció en una nube (Éxodo 16:10).
- ✓ El templo se llenó de humo por la gloria de Dios (Apocalipsis 15:8).
- ✓ La gloria se manifestó como fuego abrasador (Éxodo 24:17).
- ✓ La gloria de Dios lo rodeo de resplandor (Lucas 2:9).
- ✓ La Gloria Como luz que derribó a Saulo (Hechos 22:6).
- ✓ La gloria como la visión que hizo caer a Ezequiel (Ezequiel 1:28).
- ✓ La gloria de Dios ilumina la ciudad (Apocalipsis 21:23).

La gloria de Dios es luz, es fuego, es resplandor, es pureza, es majestad, es santidad visible.

Es como si Dios usara un vestido tan puro, tan brillante, tan santo, que ningún ojo humano puede soportarlo sin caer postrado.

Por eso muchos vieron Su gloria... pero pocos vieron Su rostro.

Primero se toca el vestido, luego se toca la Presencia.

La gloria separa... y la gloria invita

El pecado separa al hombre de la gloria de Dios:

"Todos pecaron y están destituidos de la gloria de Dios." (Romanos 3:23)

Pero Cristo abre el camino:

"Tenemos entrada... y nos gloriamos en la esperanza de la gloria de Dios." (Romanos 5:2)

Y el libro "Hebreos" declara que Jesús vino para llevar muchos hijos a la gloria.

 LA MONTAÑA

La Gloria de Dios

"Porque convenía a aquel por cuya causa son todas las cosas, y por quien todas las cosas subsisten, que habiendo de llevar muchos hijos a la gloria, perfeccionase por aflicciones al autor de la salvación de ellos." (Hebreos 2:10)

La gloria de Dios no es un concepto.

No es una metáfora.

No es poesía espiritual.

La gloria de Dios es la manifestación visible de Su Presencia.

Donde Él está, Su gloria lo rodea.

Donde Él se mueve, Su gloria resplandece.

Donde Él se revela, Su gloria se hace sentir.

La gloria de Dios es Su vestido

La presencia de Dios está vestida de gloria.

La gloria es el borde de Su manto.

La gloria es el anuncio de Su llegada.

La gloria es el velo que prepara al hombre para el encuentro.

Por eso, cuando la cima de la montaña se llenó de nubes…no era clima.

No era casualidad.

 LA MONTAÑA

La Gloria de Dios

No era naturaleza.

Era la Gloria de Dios.

El vestido del Altísimo.

El velo que anuncia Su Presencia.

Y yo…

estaba dentro de ese velo.

LA MONTAÑA

La Gloria de Dios

INTIMIDAD
¿Estoy Listo Para Permanecer Bajo Su Gloria?

Antes de avanzar, respira...
Este no es un espacio para analizar lo que viviste, ni para celebrar que llegaste a la cima, ni para recordar el esfuerzo del camino.
Es un espacio para reconocer qué está descendiendo sobre ti.

En este espacio, **INTIMIDAD** se convierte en el lugar donde podrás escuchar lo que sucede dentro de ti cuando la gloria de Dios te envuelve y la nube se convierte en el velo que anuncia Su Presencia:

• Cuando el cuerpo, agotado, se queda inmóvil ante lo que no puede comprender.
• Cuando el alma, sin emociones, entra en conmoción ante lo sublime.
• Cuando la mente se queda sin palabras, sin categorías, sin explicaciones.
• Cuando el espíritu reconoce el manto de Dios y sabe que algo santo está llegando.

Aquí escucharás:
✓ La voz del cuerpo, que siente el peso de la gloria y se petrifica en reverencia.

 LA MONTAÑA

La Gloria de Dios

✓ La voz del alma, que se queda suspendida entre temor y asombro.

✓ La voz del espíritu, que discierne que la nube no oculta... sino anuncia.

✓ Y la voz del Espíritu Santo, que se acerca envuelto en Su propio resplandor.

Este no es un espacio de esfuerzo humano, sino de rendición.
No es un espacio de emociones, sino de percepción espiritual.
No es un espacio de acción, sino de contemplación.
Porque cuando la gloria desciende... el hombre solo puede permanecer.

INTIMIDAD, aquí, es el lugar donde tus voces internas se alinean con la verdad:

- ❖ Que la gloria de Dios no se explica... se reconoce.
- ❖ Que la nube no confunde... prepara.
- ❖ Que el temor santo no paraliza... purifica.
- ❖ Que el espíritu sabe lo que el alma no entiende.
- ❖ Que la Presencia siempre llega envuelta en Su propio resplandor.

En este espacio, Dios no te pide movimiento... te pide quietud.
No te exige palabras... te pide silencio.
No te demanda fuerza... te pide reverencia.
No te promete claridad... te promete Su cercanía.

Bienvenido a **INTIMIDAD**.
El lugar donde tu interior aprende que la gloria no se busca... se recibe.
Y que la cima no es un lugar para actuar...
sino para permanecer bajo Su Presencia.

 LA MONTAÑA

La Gloria de Dios

DIALOGO INTERIOR
Cuando todo tu ser esta debajo de la Gloria de Dios

Cuando la Nube Desciende…

EL CUERPO DICE…

Acabo de llegar. Estoy exhausto, sucio, tembloroso… pero por fin de pie. Solté el bolso y sentí un alivio breve, como si mi espalda respirara después de horas de carga.

Apenas tuve tiempo de enderezarme cuando… sucedió. La cima se llenó de nubes en un instante. No dio aviso. No hubo transición. Solo… apareció.

Y mi cuerpo, que ya estaba débil, ahora se quedó inmóvil. Mis músculos se endurecieron. Mis piernas se clavaron en el suelo. Mi respiración se detuvo.

No puedo moverme. No es cansancio… es algo más grande que yo.

Algo está llegando.

Algo poderoso.

Algo santo.

Y mi cuerpo lo sabe.

EL ALMA DICE…

Yo también llegué agotada. Vacía. Sin emociones.

 LA MONTAÑA

La Gloria de Dios

Pero cuando la nube descendió, algo dentro de mí se estremeció. No sé qué sentir. No sé si llorar, temblar, huir o adorar.

Es como si una ola invisible me hubiera envuelto y me dejara suspendida entre lo que conozco y lo que jamás he vivido.

No es miedo humano... es conmoción. Es reverencia.

Es la sensación de estar frente a algo sublime, desconocido y absolutamente real.

No tengo palabras.

No tengo categorías.

Solo sé que esto no es natural.

EL ESPÍRITU DICE...

Yo sí sé lo que es. Lo reconozco.

Lo he sentido antes en susurros, en señales, en momentos breves...pero nunca así.

Nunca tan cerca. Nunca tan envolvente.

Esto que nos rodea... es la gloria.

Es el velo.

Es el manto.

Es la antesala de la Presencia del Altísimo.

No teman.

No huyan.

No se resistan.

 LA MONTAÑA

La Gloria de Dios

Esto no es amenaza... es majestad.

Esto no es peligro... es santidad.

Esto no es juicio... es encuentro.

EL CUERPO DICE...

No puedo moverme... pero no quiero huir.

EL ALMA DICE...

No sé qué sentir... pero quiero permanecer.

EL ESPÍRITU DICE...

Entonces quedémonos así.

Quietos. Reverentes. Expectantes.

Porque lo que viene... es más grande que nosotros.

Más grande que la montaña. Más grande que la vida misma.

LOS TRES DICEN...

Estamos aquí.

En silencio.

En temor santo.

En contemplación.

Esperando lo que solo Dios puede revelar.

 LA MONTAÑA

La Gloria de Dios

SUSURROS DEL ESPIRITU SANTO
Hijo Mío...Yo Soy la Gloria de Dios

Cuando mi Gloria Se Acerca...

Hijo mío...

Te vi llegar a la cima.
Te vi subir con esfuerzo, con cansancio, con obediencia.
Te vi entregar tus fuerzas, tus emociones, tu voluntad.
Te vi soltar la carga que llevabas en la espalda.
Y te vi quedarte de pie, respirando por primera vez sin peso...
justo antes de que la nube descendiera.

No te sorprendió la altura.
No te sorprendió el silencio.
Lo que te sorprendió... fui Yo.

Hijo mío...

Esa nube que te rodea no es clima.
No es casualidad.
No es naturaleza.
Es mi gloria. Es mi manto.
Es el borde de mi vestido.
Es la señal de que estoy cerca.

Tu cuerpo lo sintió primero.
Por eso se petrificó.
Por eso tembló.
Por eso se quedó inmóvil.
La carne siempre tiembla cuando la gloria se acerca.

Tu alma lo percibió después.
Por eso no supo qué emoción producir.
Por eso quedó suspendida entre temor y asombro.
Por eso se silenció.
El alma siempre se conmueve cuando la gloria desciende.

 LA MONTAÑA

La Gloria de Dios

Pero tu espíritu...
tu espíritu me reconoció.
Él sabía. Él discernió. Él recordó.
Él entendió que esta nube no venía a ocultar...
sino a anunciar.

Hijo mío...
Cuando mi gloria llega, no llega para impresionar.
Llega para preparar.
Llega para purificar.
Llega para envolver.
Llega para anunciar que mi Presencia está a un paso.

Por eso te quedaste quieto.
Por eso no hablaste.
Por eso no te moviste.
Porque cuando Yo me acerco...
el hombre solo puede contemplar.

No temas este temor que sientes.
Es santo.
Es bueno.
Es necesario.
Es el temor que abre el corazón para el encuentro.

Hijo mío...
Permanece así.
Quieto. Reverente. Atento.
Porque la nube no vino sola.
La nube vino conmigo.
Y lo que estás sintiendo ahora...
es apenas el borde de mi gloria.

Prepárate.
Lo que viene...
es mi Presencia.

 LA MONTAÑA

La Gloria de Dios

HABLANDO CON DIOS
Padre Excelso, Gracias por tu Gloria…

Cuando la Nube Me Envuelve…

Padre Excelso…
Estoy aquí, de pie en la cima, pero no puedo ver nada.
La nube lo cubrió todo.
La montaña desapareció.
La ciudad desapareció.
El horizonte desapareció.
Solo quedo yo… y Tu gloria.

No sé qué hacer.
No sé qué decir.
No sé cómo reaccionar.
Mi cuerpo está inmóvil, mi alma está conmocionada, mi espíritu está despierto…
y todo mi ser está temblando ante lo que siento que se acerca.

Padre…
no vine buscando señales.
No vine buscando experiencias.
No vine buscando emociones.
Vine porque Tú me llamaste.
Vine porque obedecí.

LA MONTAÑA

La Gloria de Dios

Vine porque creí que aquí, en este lugar, Tú te revelarías.

Y ahora que la nube me rodea...
ahora que no puedo ver nada...
ahora que estoy suspendido entre el cielo y la tierra...
solo puedo decirte esto:

Estoy aquí.
Estoy presente.
Estoy rendido.
Estoy disponible.

Si esta nube es Tu gloria...
si este velo es Tu manto...
si este resplandor oculto es la antesala de Tu Presencia...
entonces, Padre, haz conmigo lo que quieras.

No quiero huir.
No quiero retroceder.
No quiero esconderme.
Quiero permanecer aquí, quieto, reverente, expectante...
hasta que Tú decidas hablar, tocar, revelar o simplemente estar.

Padre...

Si esta nube es Tu vestido,
si este silencio es Tu voz,

 LA MONTAÑA

La Gloria de Dios

si este temor santo es Tu cercanía,
entonces recibe mi adoración.

No tengo palabras hermosas.
No tengo fuerzas para levantar mis manos.
No tengo emociones para adornar esta oración.
Solo tengo mi corazón…
y está completamente Tuyo.

Quédate conmigo en esta nube.
Quédate conmigo en este círculo sagrado.
Quédate conmigo en este instante que no quiero que termine.
Y si Tu Presencia está a un paso…
entonces, Padre…
acércate.

Amén.

Capítulo 14

MI HISTORIA
LA SANTIFICACION CON AGUA
Lavado por la Lluvia de Su Presencia

"Allí me reuniré con los hijos de Israel; y el lugar será santificado con mi gloria"
(Éxodo 29:43)

Aquella nube que había descendido sobre la cima no era una nube común; era como el vestido mismo de Dios, un manto vivo que anunciaba Su llegada, un velo sagrado que arropó todo el lugar y me cubrió por completo, envolviéndome en un silencio que no pertenecía a este mundo.

Apenas la nube me tocó, mi cuerpo comenzó a temblar de inmediato. No era el temblor del cansancio, ni el temblor del frío, ni el temblor del miedo humano. Era otra cosa. Era un temblor que nacía de un temor santo, un temor que no amenaza, sino que rinde; un temor que no paraliza, sino que somete; un temor que no destruye, sino que inclina el corazón ante lo que es infinitamente mayor.

 LA MONTAÑA

La Santificación con Agua

Era como si mi cuerpo entendiera antes que mi mente lo que estaba viniendo, como si mis huesos reconocieran la cercanía de lo eterno y temblaran ante la gloria que se aproximaba. No pude sostenerme más.

Mi espíritu, aunque despierto, no pudo sostener el peso de mi cuerpo, y mi cuerpo, aunque estaba de pie, no pudo sostener el peso de la gloria de Dios. Cedí. Caí. Me rendí. Mis rodillas tocaron la tierra, mis brazos se levantaron por sí solos hacia el cielo, mis palmas se abrieron como quien entrega todo, y mi rostro se elevó buscando el rostro de Aquel que estaba descendiendo. Era una postura que no planeé, una adoración que no fabriqué, una rendición que no decidí... simplemente ocurrió.

Entonces escuché un pequeño temblor, un crujido suave, como de rocas moviéndose entre rocas, como si la montaña misma estuviera reaccionando a la Presencia que se acercaba. Y de pronto sentí en mi rostro una brisa ligera, apenas un soplo, que comenzó a intensificarse poco a poco, como si algo invisible avanzara hacia mí.

Cerré mis ojos. No podía ver lo que venía, pero podía sentirlo. Y en ese silencio expectante, un pequeño rocío comenzó a acariciar mi rostro, una humedad suave, delicada, casi tímida, que pronto se convirtió en gotas más firmes, más constantes, más insistentes... hasta que finalmente se transformó en una lluvia.

Pero aquella lluvia no era normal. No caía desde arriba. No descendía verticalmente como toda lluvia que he visto en mi vida. Venía de lado, como si el viento la empujara desde un punto invisible, como si la nube misma la estuviera enviando directamente hacia mí. Era una lluvia horizontal, una lluvia dirigida, una lluvia intencional. Y esa lluvia comenzó a lavar mi rostro sucio y sudado, comenzó a limpiar mi piel marcada por el

 LA MONTAÑA

La Santificación con Agua

esfuerzo, comenzó a recorrer mi cuerpo que se había arrastrado en los últimos tramos del ascenso.

El agua descendía por mis brazos, por mi cuello, por mi espalda, por mis piernas, y mientras lo hacía, sentía como si Dios mismo me estuviera bañando, como si Su mano invisible sostuviera una manguera celestial y me lavara con ternura, con cuidado, con propósito.

Aquella sensación de ser limpiado por Dios, de ser lavado por Su propia gloria, me quebró por dentro. Comencé a llorar. No era un llanto de tristeza ni de alegría. Era un llanto de entrega. Un llanto de reconocimiento. Un llanto de alguien que se sabe tocado por lo divino.

Y mientras la lluvia limpiaba mi cuerpo, mis lágrimas limpiaban mi alma.

Mientras el agua recorría mi piel, algo recorría mi corazón.

Mientras la lluvia me lavaba por fuera, mis lágrimas me lavaban por dentro.

Y allí estaba yo, de rodillas, con mis brazos levantados, con mi rostro elevado, recibiendo la santificación que venía directamente de la gloria de Dios.

No era solo agua. No era solo lluvia.

Era un acto divino. Era un bautismo santo.

Era Dios… lavándome. Y así quede Yo, Lavado por la Lluvia de Su Presencia.

"Allí me reuniré con los hijos de Israel; y el lugar será santificado con mi gloria"
(Éxodo 29:43)

PERLAS PRECIOSAS

La Santificación

"Allí me reuniré con los hijos de Israel; y el lugar será santificado con mi gloria"
(Éxodo 29:43)

La Santificación con Agua, Lavado por la Lluvia de Su Presencia...

Intentar comprender lo que significa "santificación" sin antes entender lo que significa "santo" es como intentar saborear un hot dog sin la salchicha: falta lo esencial, lo que da sentido a todo lo demás.

¿QUÉ SIGNIFICA "SANTO"?

Para comenzar, debemos escuchar cómo Dios se describe a sí mismo:

"Sed santos, porque Yo soy santo." (Levítico 11:44–45; 1 Pedro 1:15–16)

En el Antiguo Testamento, la palabra "santo" proviene del hebreo qadosh (#6918 Strong).

LA MONTAÑA

La Santificación con Agua

Es un adjetivo, una descripción del ser, una condición que no cambia, que no evoluciona, que no depende de circunstancias.

Significa:

- ✓ puro
- ✓ limpio
- ✓ sagrado
- ✓ sin culpa
- ✓ perfecto
- ✓ incorruptible

Es la esencia misma de Dios.

No es un atributo que Él posee…es lo que Él es.

Por eso dice: *"Yo Soy Santo."*

No "estoy santo", no "me comporto santo", no "parezco santo".

Soy.

¿QUÉ SIGNIFICA "SANTIFICAR"?

Aquí aparece otra palabra hebrea: qadash (#6942 Strong).

Esta ya no es un adjetivo. Es un verbo. Una acción. Un proceso. Un movimiento.

Significa:

- ✓ santificar
- ✓ consagrar
- ✓ dedicar
- ✓ apartar
- ✓ limpiar

- ✓ purificar
- ✓ perfeccionar.

En otras palabras:

- ❖ "Santo" describe una condición.
- ❖ "Santificar" describe la acción que lleva a esa condición.

Solo puede santificarse aquello que no es santo. Solo puede limpiarse aquello que no está limpio.

Y para que la santificación ocurra, debe intervenir un elemento externo que sea puro.

El impuro no puede purificarse a sí mismo.

La Escritura lo dice con claridad:

"¿Quién podrá decir: Yo he limpiado mi corazón?"
(Proverbios 20:9)

LA SANTIFICACIÓN NECESITA UN AGENTE PURO

Así como una persona cubierta de lodo necesita agua limpia para ser lavada, así el alma humana necesita un elemento puro para ser purificada.

Ese elemento puede ser:

- ❖ Dios mismo, quien santifica.
- ❖ La Palabra, que limpia como agua cristalina.
- ❖ El Espíritu Santo, que purifica desde adentro.
- ❖ La Gloria de Dios, que santifica por contacto.

 LA MONTAÑA
La Santificación con Agua

- ❖ Jesús, el Hijo, quien santifica con Su vida.
- ❖ La Sangre del Cordero, que limpia y purifica.
- ❖ El Fuego del Espíritu Santo, que consume la impureza.

Cada uno de estos elementos es puro en sí mismo. Cada uno tiene poder para transformar lo impuro en santo.

¿CÓMO ENTRA UNA PERSONA EN EL PROCESO DE SANTIFICACIÓN?

Debe ocurrir algo profundo:

- ➢ **Reconocer la impureza:** Convicción de pecado. Honestidad espiritual.
- ➢ **Desear ser limpio:** Arrepentimiento. Hambre de pureza.
- ➢ **Recibir la acción del elemento puro:** La Palabra, el Espíritu, la Gloria, la Sangre, la Presencia.
- ➢ **Permanecer en el proceso:** Decisión. Fidelidad. Perseverancia. Rendición.

La santificación no es un esfuerzo humano. No es disciplina moral. No es comportamiento religioso. Es una intervención divina.

LA CIMA COMO LUGAR DE SANTIFICACIÓN

Hay momentos en los que el alma no puede sostener el peso de la gloria, y el cuerpo se rinde como tierra ante la lluvia.

En la cima, donde el cielo se inclina y la nube se convierte en vestido divino, el ser humano descubre que no puede purificarse por sí solo.

La santificación ocurre cuando Dios se acerca.

- Cuando Su gloria rocía.

 LA MONTAÑA

La Santificación con Agua

- Cuando Su presencia lava.
- Cuando Su Espíritu toca.

La gloria de Dios no solo se contempla...se recibe.

Y al recibirla:

- ✓ el alma se limpia como el rostro bajo la lluvia,
- ✓ las lágrimas se vuelven agua purificadora,
- ✓ el temblor se convierte en reverencia,
- ✓ la rendición se transforma en adoración.

Ser santo como Él es santo no es una exigencia imposible.

Es una invitación a ser tocado por lo puro.

Es permitir que el agua de Su Palabra, el fuego de Su Espíritu, la sangre de Su Hijo y la gloria de Su Presencia hagan en nosotros lo que jamás podríamos hacer por nosotros mismos.

En la cima, bajo la lluvia horizontal que venía de la nube, yo no solo fui mojado...

Fui iniciado en el proceso de La Santificación.

 LA MONTAÑA

La Santificación con Agua

INTIMIDAD

¿Estoy Dispuesto a Ser Lavado por Dios?

Antes de avanzar, respira...
Este no es un espacio para analizar la experiencia, ni para describir la lluvia, ni para recordar cómo caíste de rodillas.
Es un espacio para mirar hacia adentro... y reconocer qué estaba sucio, qué necesitaba ser lavado, qué Dios decidió purificar.

En este espacio, **INTIMIDAD** se convierte en el lugar donde podrás escuchar lo que sucede dentro de ti cuando la gloria no solo te envuelve... sino que te limpia:

• Cuando el cuerpo cae bajo el peso de la gloria y se rinde sin resistencia.
• Cuando la piel siente el agua y reconoce que no es lluvia... es toque divino.
• Cuando el alma, sorprendida por sus propias lágrimas, libera lo que había guardado por años.
• Cuando el espíritu discierne que Dios está lavando lo que tú nunca pudiste lavar.

Aquí escucharás:
✓ La voz del cuerpo, que se derrumba primero y recibe el agua como alivio y como sanidad.

 LA MONTAÑA

La Santificación con Agua

✓ La voz del alma, que se abre en llanto y deja salir emociones que estaban escondidas.

✓ La voz del espíritu, que reconoce la santificación y adora mientras el agua cae.

✓ Y la voz del Espíritu Santo, que explica por qué Él mismo decidió bañarte con Su gloria.

Este no es un espacio de esfuerzo humano, sino de limpieza divina.
No es un espacio de disciplina, sino de entrega.
No es un espacio de control, sino de vulnerabilidad.
Porque cuando Dios lava… el hombre solo puede rendirse.

INTIMIDAD, aquí, es el lugar donde tus voces internas se alinean con la verdad:

❖ Que la santificación no nace del hombre… viene de Dios.
❖ Que el agua que limpia el cuerpo también limpia el alma.
❖ Que las lágrimas no son debilidad… son purificación.
❖ Que la gloria no solo derriba… también lava.
❖ Que Dios toca lo que tú no puedes tocar.
❖ Que la pureza no se alcanza… se recibe.

En este espacio, Dios no te pide fuerza… te pide apertura.
No te exige perfección… te pide sinceridad.
No te demanda pureza… te la regala.
No te pide que te limpies… Él te limpia.

Bienvenido a **INTIMIDAD**.
El lugar donde tu interior aprende que la santificación no es un esfuerzo…
es un encuentro.
Y que la lluvia que viene de Su gloria no moja…transforma.

 LA MONTAÑA

La Santificación con Agua

DIALOGO INTERIOR

Cuando la Gloria Derriba y el Agua Santifica

EL CUERPO DICE...

No pude sostenerme. Apenas la gloria descendió sobre mí, mis piernas se aflojaron, mis músculos se rindieron, y mi fuerza se evaporó como si hubiera sido absorbida por la nube.

No caí por cansancio... caí por peso. El peso de algo santo, inmenso, irresistible. Sentí que no podía permanecer de pie ante lo que estaba llegando, y mis rodillas tocaron la tierra sin que yo lo decidiera.

Mis manos se elevaron, mis palmas se abrieron, mi rostro se inclinó hacia el cielo... y allí quedé, postrado, temblando, respirando apenas, como tierra que se entrega antes de la lluvia.

Y entonces lo sentí: primero un rocío suave, luego una brisa húmeda, y finalmente una lluvia que venía de lado, como si la nube misma me estuviera bañando. El agua recorría mi piel, limpiaba mi suciedad, refrescaba mi cansancio.

Mi cuerpo, que cayó por el peso de la gloria, ahora se rendía por el alivio del agua. No podía moverme... pero no quería moverme.

Estaba siendo lavado.

 LA MONTAÑA

La Santificación con Agua

EL ALMA DICE...

Cuando el cuerpo cayó, yo también caí por dentro.

No por debilidad, sino por revelación.

Sentí que algo se rompía, algo se abría, algo se liberaba.

Y cuando la lluvia tocó mi rostro, mis lágrimas comenzaron a salir como si hubieran estado esperando este momento durante años.

No eran lágrimas de tristeza.

No eran lágrimas de miedo.

Eran lágrimas antiguas, lágrimas guardadas, lágrimas que nunca encontraron salida.

La lluvia lavaba el cuerpo...

y mis lágrimas lavaban mi historia.

Sentí que Dios estaba tocando lugares que yo había olvidado, heridas que yo había enterrado, emociones que yo había callado.

Y mientras el agua descendía por mi piel, algo ascendía desde mi interior: una limpieza profunda, silenciosa, necesaria.

Mi alma lloraba... pero lloraba libre.

LA MONTAÑA
La Santificación con Agua

EL ESPÍRITU DICE...

Bendito sea Dios por este momento santo.

Bendito sea Dios por esta gloria que derriba sin destruir.

Bendito sea Dios por esta lluvia que limpia sin herir.

Yo sé lo que está pasando.

Esto no es clima.

Esto no es casualidad.

Esto es santificación.

Esto es el toque del Altísimo.

Esto es el agua que viene de Su gloria, el agua que purifica, el agua que restaura.

Cuerpo, cae.

Alma, llora.

Porque lo que está ocurriendo aquí es obra de Dios.

Él está lavando lo que ustedes no podían lavar.

Él está limpiando lo que ustedes no podían tocar.

Él está sanando lo que ustedes no podían abrir.

Y yo, espíritu, me uno a esta obra con adoración.

Alabo a Dios por cada gota que cae sobre ti.

 LA MONTAÑA

La Santificación con Agua

Alabo a Dios por cada lágrima que sale de ti.

Alabo a Dios porque Él está haciendo nuevo lo que estaba viejo.

Él está haciendo puro lo que estaba impuro.

Él está haciendo santo lo que estaba herido.

LOS TRES DICEN…

Lávanos, Señor.

Límpianos.

Santifícanos.

Porque esta lluvia no es agua…

es Tu Presencia.

 LA MONTAÑA

La Santificación con Agua

SUSURROS DEL ESPIRITU SANTO
Hijos míos… Yo Soy Santo

Cuando Dios Lava con Su Propia Lluvia…

Hijo mío…
Te vi caer de rodillas cuando mi gloria te tocó.
No caíste por debilidad, sino por revelación.
El cuerpo siempre se rinde cuando la gloria se acerca.
La carne no puede sostener lo que solo el espíritu puede discernir.

Pero no temas.
No caíste para ser humillado…
caíste para ser lavado.

Hijo mío…
Esta lluvia no es lluvia.
Es mi mano.
Es mi toque.
Es mi cuidado.
Es mi santificación.

Yo envié cada gota.
Yo dirigí cada brisa.
Yo incliné la nube hacia ti.
Yo hice que el agua viniera de lado, directamente a tu rostro,
directamente a tu alma, directamente a tu historia.

Porque tú no podías limpiarte solo.
Porque tú no podías sanar lo que estaba escondido.
Porque tú no podías tocar lo que estaba enterrado.
Por eso vine Yo.
Por eso traje agua.

 LA MONTAÑA

La Santificación con Agua

Por eso te bañé con mi gloria.

Hijo mío...

Mientras el agua recorría tu piel,
Yo estaba recorriendo tu corazón.
Mientras la lluvia limpiaba tu cuerpo,
Yo estaba limpiando tus memorias.
Mientras tus lágrimas caían,
Yo estaba liberando lo que tú no sabías que seguías cargando.

Tus lágrimas no son debilidad...
son respuesta.
Son señal de que mi agua llegó a lo profundo.
Son evidencia de que mi gloria tocó lo que nadie más podía tocar.

Hijo mío...

Esta es mi santificación.
No es un esfuerzo tuyo.
No es una disciplina.
No es un mérito.
Es un regalo.
Es una obra mía.
Es mi amor purificando lo que mi amor quiere habitar.

Por eso te lavé.
Por eso te bañé.
Por eso te cubrí con agua horizontal.
Porque la santificación no siempre cae desde arriba...
a veces viene desde mi gloria, desde mi nube, desde mi presencia
que te envuelve.

Permanece así.
De rodillas.

 LA MONTAÑA

La Santificación con Agua

Con los brazos abiertos.
Con el alma suelta.
Con el espíritu adorando.

Porque mientras tú recibes…
Yo sigo limpiando.

LA MONTAÑA

HABLANDO CON DIOS
Padre Santo, Gracias por Santificarme...

Padre Santo...
Estoy aquí, de rodillas, bajo esta lluvia que no cae del cielo, sino que viene de Tu gloria.
No sé cómo describir lo que siento.
Mi cuerpo está temblando, mi alma está llorando, mi espíritu está adorando...
y todo mi ser está siendo tocado por Ti.

No puedo levantarme.
No quiero levantarme.
La gloria me derribó...
y el agua me está levantando por dentro.

Padre...
Cuando la nube descendió, sentí que algo santo se acercaba.
Cuando la gloria me envolvió, mis fuerzas se rindieron.
Y ahora que esta lluvia me lava, siento que algo dentro de mí se está limpiando, soltando, sanando.

No entiendo por qué el agua viene de lado.
No entiendo por qué la lluvia me busca.
No entiendo por qué cada gota cae justo donde debe caer.
Pero sí sé esto:

 LA MONTAÑA

La Santificación con Agua

Eres Tú.

Eres Tú lavando mi rostro.
Eres Tú limpiando mi cuerpo cansado.
Eres Tú tocando mi alma herida.
Eres Tú purificando mi historia.
Eres Tú haciendo en mí lo que yo jamás pude hacer por mí mismo.

Padre...
Gracias por esta lluvia.
Gracias por este lavado.
Gracias por esta santificación que no pedí, pero que necesitaba.
Gracias por tocar lo que estaba escondido.
Gracias por limpiar lo que estaba sucio.
Gracias por liberar lo que estaba atrapado.

Mis lágrimas se mezclan con Tu agua...
y no sé cuál limpia más.
Solo sé que ambas vienen de Ti.

Aquí estoy, Señor.
Mojado.
Rendido.
Abierto.
Lavado.

 LA MONTAÑA

La Santificación con Agua

Santo por Tu toque, no por mi mérito.

Si esta lluvia es Tu obra...
si este lavado es Tu amor...
si esta santificación viene de Tu gloria...
entonces sigue, Padre.
Sigue lavando.
Sigue limpiando.
Sigue purificando.
Sigue haciendo nuevo lo que Tú deseas renovar.

Porque hoy entendí algo:
no vine a la cima para ver la ciudad...
vine para que Tú me vieras a mí.
Y me lavaras.
Y me santificaras.
Y me recibieras.

Amén.

Capítulo 15

MI HISTORIA
LA PURIFICACION CON FUEGO
El Ardor Santo que Transforma el Corazón

"¿Y quién podrá soportar el tiempo de su venida? ¿o quién podrá estar en pie cuando él se manifieste? Porque él es como fuego purificador, y como jabón de lavadores."
(Malaquías 3:2)

Nublándose el cielo sobre mí, la lluvia no se detenía, y mis lágrimas tampoco.

Sentía cómo el barro se desprendía de mi piel, cómo el agua recorría cada parte de mi cuerpo, cómo mis lágrimas parecían lavar rincones ocultos de mi alma. Era una sensación liberadora, profunda, casi dulce.

Un alivio que venía de afuera y de adentro al mismo tiempo.

Así estaba…cuando de repente algo cambió.

Algo más intenso comenzó a despertar dentro de mí.

 LA MONTAÑA

La Purificación con Fuego

Una fuerza que no venía del agua que me empapaba, ni de las lágrimas que corrían por mi rostro. Era algo distinto. Algo que no esperaba. Algo que no conocía.

Yo no sabía qué más podía ocurrir en la cima de la montaña.

Cada experiencia era nueva, inesperada, sorprendente... y aun así, cada una la recibía con una apertura total, como quien sabe que está en un territorio donde Dios hace lo que quiere, cuando quiere y como quiere.

Aquella intensidad que comenzó a crecer dentro de mí era invisible, pero real.

La sentía en la boca del estómago, como un punto de ignición que se expandía lentamente hacia todo mi interior.

Y entonces lo reconocí: era fuego.

Un fuego que quemaba.

Un fuego que ardía.

Un fuego que dolía.

No era agradable.

No era suave.

No era tierno.

Era un fuego abrasador, vivo, penetrante, que parecía querer atravesar mi cuerpo desde adentro hacia afuera.

Mis manos, que estaban levantadas, se cerraron en puños.

Mis dedos se tensaron.

Mis brazos temblaron.

 LA MONTAÑA

La Purificación con Fuego

Mi cuerpo entero se endureció intentando resistir aquel ardor que no podía controlar.

El dolor se hacía más intenso, más agudo, más profundo.

No entendía nada.

Solo sabía que quemaba.

Que ardía.

Que dolía.

Mi cuerpo se encorvó hasta quedar completamente postrado.

Aún de rodillas, pero ahora con mis manos y mi rostro en tierra, sufría aquella experiencia hermosa y terrible al mismo tiempo.

No sabía qué era.

No sabía por qué dolía.

No sabía qué significaba.

Solo sabía que estaba siendo consumido por algo que no era humano.

Mi cuerpo ardía.

Mi alma ardía.

Mi espíritu ardía.

Todo mi ser estaba envuelto en aquel fuego santo.

Y lo vivía en silencio.

 LA MONTAÑA

La Purificación con Fuego

Un silencio pesado, profundo, reverente.

Pero aquel silencio tenía un límite.

Porque en medio del ardor, mi boca comenzó a abrirse.

Mis labios temblaron.

Mi lengua se movió.

Y supe que algo iba a salir de mí.

Algo que no venía de mí.

Algo que no era mío.

Las palabras que estaban por salir eran la expresión exacta de aquel fuego.

Eran el significado del ardor. Eran la voz del fuego mismo.

Y entonces, con un temblor que no pude controlar, pronuncié la primera expresión:

YO AMO...

Y después, como si se hubiera abierto una compuerta celestial, comenzó a fluir un río de palabras, todas nacidas del mismo fuego, todas cargadas del mismo amor:

 LA MONTAÑA

La Purificación con Fuego

YO AMO A VENEZUELA.

YO AMO A AMÉRICA.

YO AMO A EUROPA.

YO AMO A ASIA.

YO AMO A TODOS LOS CONTINENTES.

YO AMO A LA HUMANIDAD.

YO AMO LA NATURALEZA.

YO AMO A MI CREACIÓN…

Todo lo que salía de mi boca era YO AMO… YO AMO… YO AMO…

Y yo no entendía nada.

No comprendía por qué ese fuego dolía tanto.

No comprendía por qué ese amor quemaba.

No comprendía por qué mis lágrimas ahora eran más calientes, más abundantes, más profundas.

Pero allí estaba yo, en la cima de la montaña, postrado ante la gloria de Dios, envuelto en Su presencia.

El agua seguía lavando mi cuerpo.

Las lágrimas seguían lavando mi alma.

Y aquel fuego abrasador seguía quemando dentro de mí…

 LA MONTAÑA

La Purificación con Fuego

pero ahora quemaba amor.

Era como si Dios hubiera entrado dentro de mí y me hubiera permitido sentir Su propio corazón.

Como si me hubiera compartido Su amor.

Como si me hubiera dejado experimentar cómo ama Él.

Y Su amor...

Su amor quemaba.

Su amor dolía.

Su amor era demasiado intenso para soportarlo.

Su amor era sufrido, profundo, desgarrador.

Su amor me hacía llorar aún más.

Y así estaba yo con Él, en la cima de la montaña, viviendo un encuentro que no se puede explicar, solo experimentar.

Un encuentro donde entendí que Dios es amor...y también es fuego consumidor.

Y seguía de rodillas...con El Ardor Santo que Transforma el Corazón...

"¿Y quién podrá soportar el tiempo de su venida? ¿o quién podrá estar en pie cuando él se manifieste? Porque él es como fuego purificador, y como jabón de lavadores."
(Malaquías 3:2)

 LA MONTAÑA

La Purificación con Fuego

PERLAS PRECIOSAS
El Bautismo con Fuego

"¿Y quién podrá soportar el tiempo de su venida? ¿o quién podrá estar en pie cuando él se manifieste? Porque él es como fuego purificador, y como jabón de lavadores."
(Malaquías 3:2)

La Purificación con Fuego – *El Ardor Santo que Transforma el Corazón...*

En las Escrituras, el fuego aparece como un símbolo múltiple: juicio, presencia, purificación, celo, pasión, ira, gloria.

Pero en este capítulo no nos desviaremos hacia todos esos caminos.

Aquí nos enfocaremos en un solo aspecto:

el fuego como la obra interna que Dios realiza en Sus hijos y en Sus ministros.

TRES BAUTISMOS, TRES PROFUNDIDADES, TRES DIMENSIONES DEL HOMBRE

Juan el Bautista lo anunció con claridad profética:

 LA MONTAÑA

La Purificación con Fuego

"Yo a la verdad os bautizo en agua para arrepentimiento; pero el que viene tras mí, cuyo calzado yo no soy digno de llevar, es más poderoso que yo; él os bautizará en Espíritu Santo y fuego"
(Mateo 3:11)

En una sola frase, Juan reveló tres bautismos, tres inmersiones, tres intervenciones divinas:

- ❖ Bautismo en Agua
- ❖ Bautismo en Espíritu Santo
- ❖ Bautismo en Fuego

La palabra bautizo usada en el nuevo testamento viene de la palabra griega "bapto" (#911 Strong) que expresa la acción de: inundar, sumergir, bañar, meter en, lavar profundamente.

Y si el bautismo es una inmersión, entonces cada uno de estos tres bautismos toca una parte distinta del ser humano:

Tipo de Bautismo	Se efectúa en	Propósito
Agua	Cuerpo	Arrepentimiento
Espíritu Santo	Espíritu	Poder para proclamar
Fuego	Alma (corazón)	Purificación

El hombre es tripartito:

cuerpo, alma y espíritu.

Y Dios bautiza cada parte según su necesidad.

La Purificación con Fuego

1-. BAUTISMO EN AGUA – *El Cuerpo se Sumerge para Arrepentirse*

- ✓ El agua toca lo visible.
- ✓ El cuerpo entra en el río.
- ✓ El hombre declara públicamente: "Dejo atrás mi vida vieja."

Jesús lo ordeno:

"Por tanto, id, y haced discípulos a todas las naciones, bautizándolos en el nombre del Padre, y del Hijo, y del Espíritu Santo" (Mateo 28:19)

2. BAUTISMO EN ESPÍRITU SANTO – *El espíritu se Sumerge para Recibir Poder*

- ✓ El Espíritu Santo no toca la piel. Toca el espíritu.
- ✓ Da testimonio interno.
- ✓ Invierte poder.
- ✓ Activa dones.
- ✓ Abre la boca para proclamar.

Jesús lo dijo:

"He aquí, yo enviaré la promesa de mi Padre sobre vosotros; pero quedaos vosotros en la ciudad de Jerusalén, hasta que seáis investidos de poder desde lo alto" (Lucas 24:49)

 LA MONTAÑA

La Purificación con Fuego

5. BAUTISMO EN FUEGO – *El Alma se Sumerge para ser Purificada*

Aquí entramos en el misterio.

- ✓ El fuego no toca el cuerpo.
- ✓ El fuego no toca el espíritu.
- ✓ El fuego toca el alma.

El alma es donde viven:

- ➢ Las emociones
- ➢ Los recuerdos
- ➢ Los deseos
- ➢ Las heridas
- ➢ Las pasiones
- ➢ Los celos
- ➢ Los amores
- ➢ Los odios
- ➢ Los traumas
- ➢ Los apegos

Y es allí donde Dios enciende Su fuego.

EL FUEGO DEL PENTECOSTÉS REVELA SU PROPÓSITO

En Hechos 2, el fuego no cayó sobre el cuerpo como quemadura. No cayó sobre el espíritu como poder.

Cayó sobre la cabeza…y se manifestó en la boca.

¿Por qué?

 LA MONTAÑA

La Purificación con Fuego

Porque la boca revela el corazón.

"El hombre bueno, del buen tesoro de su corazón saca lo bueno; y el hombre malo, del mal tesoro de su corazón saca lo malo; porque de la abundancia del corazón habla la boca"
(Lucas 6:45)

El fuego purificó el corazón...y el corazón purificado habló:

- ✓ Lenguas de fuego.
- ✓ Palabras encendidas.
- ✓ Corazones transformados.

El fuego no destruyó.

El fuego reveló.

El fuego sanó.

El fuego activó.

EL FUEGO PURIFICA: *Para Amar como Dios Ama*

El bautismo en fuego no es emocionalismo. No es euforia. No es espectáculo.

Es cirugía divina.

Es dolor santo.

Es ardor que transforma.

El fuego entra al alma para:

La Purificación con Fuego

- ✓ Quemar impurezas
- ✓ Consumir egoísmos
- ✓ Derretir durezas
- ✓ Exponer heridas
- ✓ Liberar emociones
- ✓ Encender compasión,
- ✓ Despertar celo santo
- ✓ Y capacitar al hombre para amar como Dios ama

Porque el amor de Dios no es tibio.

- ❖ Es fuego.
- ❖ Es llama.
- ❖ Es ardor.
- ❖ Es celo.

La Escritura lo dice sin metáforas:

"Porque Jehová tu Dios es fuego consumidor, Dios celoso." (Deuteronomio 4:24)

"Porque no te has de inclinar a ningún otro dios, pues Jehová, cuyo nombre es Celoso, Dios celoso es" (Éxodo 34:14)

"Ponme como un sello sobre tu corazón, como una marca sobre tu brazo; Porque fuerte es como la muerte el amor; Duros como el Seol los celos; Sus brasas, brasas de fuego, fuerte llama." (Cantares 8:6)

Dios ama con fuego.

Dios cela con fuego.

Dios rescata con fuego.

 LA MONTAÑA

La Purificación con Fuego

Dios juzga con fuego.

Y cuando Él deposita Su amor en el corazón de un hombre...

ese hombre también arde.

EL MINISTRO DE DIOS ES UN HOMBRE QUE HA PASADO POR LOS TRES BAUTISMOS

No basta con agua.

No basta con poder.

No basta con dones.

El ministro verdadero es aquel que ha sido:

- ✓ Lavado por el agua
- ✓ Investido por el Espíritu
- ✓ Purificado por el fuego

Por eso está escrito:

"Ciertamente de los ángeles dice: El que hace a sus ángeles espíritus, Y a sus ministros llama de fuego." (Hebreos 1:7)

El ministro no es fuego por sí mismo.

Es fuego porque Dios lo encendió.

 LA MONTAÑA

La Purificación con Fuego

EL FUEGO DE DIOS ES AMOR: *Y Celo al mismo Tiempo*

Cuando Dios llamó a Moisés, no se presentó con agua. No se presentó con viento. No se presentó con voz.

Se presentó en una llama.

Una zarza que ardía… pero no se consumía.

Ese fuego era:

- ❖ Amor por Su pueblo
- ❖ Celo por Su nombre
- ❖ Ira contra la opresión
- ❖ Pasión por la justicia

El fuego es la emoción de Dios hecha visible.

Y cuando Dios deposita Su amor en nosotros… también deposita Su celo.

Jesús lo sintió. Pablo lo sintió. Los profetas lo sintieron. Los apóstoles lo sintieron.

Y yo lo sentí en la cima de la montaña.

EL BAUTISMO EN FUEGO: Es la Inmersión del Alma en el Corazón de Dios

Es Dios diciendo:

- ❖ Quiero que sientas lo que Yo siento.
- ❖ Quiero que ames como Yo amo.
- ❖ Quiero que ardas como Yo ardo.

 LA MONTAÑA

La Purificación con Fuego

Y ese amor…

- ➢ Ese amor quema.
- ➢ Ese amor duele.
- ➢ Ese amor transforma.

Porque el fuego de Dios no destruye al hombre…

destruye lo que impide al hombre amar.

 LA MONTAÑA
La Purificación con Fuego

INTIMIDAD
¿Estoy Dispuesto a Sentir el Amor que Quema?

Antes de avanzar, respira...
Este no es un espacio para recordar la lluvia, ni para analizar el temblor, ni para describir el momento en que caíste de rodillas.
Es un espacio para mirar hacia adentro... y reconocer qué parte de tu corazón necesita fuego, no agua.

En este espacio, **INTIMIDAD** se convierte en el lugar donde podrás escuchar lo que sucede dentro de ti cuando Dios no solo te limpia... sino que entra:

• Cuando el cuerpo, ya lavado, comienza a arder desde adentro sin saber por qué.
• Cuando el alma, que lloraba por liberación, ahora llora porque el amor duele.
• Cuando el espíritu reconoce que ese ardor no es humano... es divino.
• Cuando el corazón se abre para sentir lo que Dios siente.

Aquí escucharás:

✓ La voz del cuerpo, que se encorva ante un fuego que no proviene de la piel, sino del interior.

 LA MONTAÑA

La Purificación con Fuego

✓ La voz del alma, que descubre que el amor de Dios no solo consuela... también quema.

✓ La voz del espíritu, que discierne que el ardor es purificación, no destrucción.

✓ Y la voz del Espíritu Santo, que revela por qué Su amor es llama, por qué Su celo es fuego, por qué Su presencia duele y transforma.

Este no es un espacio de comodidad, sino de entrega profunda.
No es un espacio de alivio, sino de transformación.
No es un espacio de suavidad, sino de intensidad.
Porque cuando Dios deposita Su amor... el alma arde.

INTIMIDAD, aquí, es el lugar donde tus voces internas se alinean con la verdad:

- ❖ Que el agua limpia, pero el fuego transforma.
- ❖ Que el amor de Dios no es tibio... es llama vehemente.
- ❖ Que el celo de Dios no es simbólico... es fuego consumidor.
- ❖ Que el corazón humano no puede amar como Dios ama sin ser purificado primero.
- ❖ Que el dolor santo no destruye... revela.
- ❖ Que el fuego no viene a castigarte... viene a prepararte.

En este espacio, Dios no te pide lágrimas... te pide apertura.
No te exige fuerza... te pide vulnerabilidad.
No te demanda perfección... te pide verdad.
No te invita a entender... te invita a arder.

Bienvenido a **INTIMIDAD**.
El lugar donde tu interior aprende que el amor de Dios no solo abraza...quema.
Y que el fuego que duele...es el mismo fuego que transforma.

 LA MONTAÑA

La Purificación con Fuego

DIALOGO INTERIOR
Cuando el Fuego Entra y el Corazón Arde

EL CUERPO DICE…

La lluvia cae sobre mí, lava mi piel, refresca mi cansancio, limpia mi suciedad.

Pero de pronto… algo cambia.

Algo dentro de mí comienza a encenderse.

No es el agua.

No son las lágrimas.

Es otra cosa.

Un ardor que nace en lo profundo, en la boca del estómago, y se expande como una llama que busca aire.

Al principio pienso que es un calambre, un espasmo, un temblor… pero no.

Es fuego.

Un fuego que quema desde adentro.

Un fuego que duele.

Un fuego que no puedo controlar.

Mis manos, que están abiertas, se cierran en puños.

 LA MONTAÑA

La Purificación con Fuego

Mis brazos se tensan.

Mi espalda se encorva.

Mi cuerpo entero se dobla hasta quedar postrado, con el rostro en tierra, intentando resistir un ardor que no viene de mí.

No entiendo nada.

Solo sé que arde.

Que quema.

Que duele.

Y aun así... no quiero huir.

EL ALMA DICE...

Yo también lo siento.

Primero es el agua limpiando mis emociones.

Luego son las lágrimas liberando lo que estaba escondido.

Pero ahora... ahora es fuego.

Un fuego que no quema la piel, sino los recuerdos.

Un fuego que no arde en los músculos, sino en las emociones.

Un fuego que no duele en el cuerpo, sino en el corazón.

 LA MONTAÑA

La Purificación con Fuego

Siento que algo se abre dentro de mí, como si una puerta antigua se rompiera.

Siento que algo se derrite, como si viejas durezas comenzaran a ceder.

Siento que algo se expone, como si Dios tocara lugares que nunca había permitido tocar.

Y mientras el fuego arde, mis lágrimas cambian.

Ya no son lágrimas de limpieza.

Son lágrimas de amor.

Lágrimas calientes, profundas, intensas.

Lágrimas que duelen.

Porque el amor de Dios… también duele.

Y lo estoy sintiendo por primera vez.

EL ESPÍRITU DICE…

Yo sé lo que está pasando.

Este fuego no es destrucción.

Este fuego no es juicio.

Este fuego no es castigo.

 LA MONTAÑA

La Purificación con Fuego

Este fuego es Dios.

Es Su amor entrando.

Es Su celo despertando.

Es Su corazón tocando el tuyo.

El fuego purifica lo que el agua no puede limpiar.

El fuego transforma lo que las lágrimas no pueden soltar.

El fuego revela lo que estaba escondido.

El fuego consume lo que no pertenece a Dios.

Cuerpo… no temas el ardor.

Alma… no temas el dolor.

Porque este fuego no viene a destruirte…

viene a convertirte en alguien capaz de amar como Él ama.

Y por eso tus labios se abren.

Por eso tu boca habla.

Por eso dices "YO AMO…"

Porque el fuego que arde dentro de ti…

es el amor de Dios manifestándose.

 LA MONTAÑA

La Purificación con Fuego

LOS TRES DICEN…

    Arde en nosotros, Señor.

    Purifícanos.

    Transforma nuestro corazón.

    Haznos sentir Tu amor, aunque duela.

    Haznos arder con Tu fuego santo.

    Porque este fuego no destruye…

    santifica.

 LA MONTAÑA

La Purificación con Fuego

SUSURROS DEL ESPIRITU SANTO

Hijo mío… Hija mía…Yo Soy Fuego Consumidor

Cuando el Amor de Dios Arde Dentro…

Hijo mío…
Te vi llorar bajo la lluvia.
Te vi ser lavado por el agua.
Te vi ser limpiado por mis gotas.
Pero había algo más que necesitaba tocar.
Algo que el agua no podía alcanzar.
Algo que solo el fuego podía purificar.

Por eso encendí dentro de ti un ardor que no venía de tu cuerpo ni de tus emociones.
Era mi fuego.
Era mi amor.
Era mi celo.
Era mi corazón entrando en el tuyo.

No te asustes por el dolor que sentiste.
Mi amor no es tibio.
Mi amor no es cómodo.
Mi amor no es superficial.
Mi amor es fuerte como la muerte,
y mis celos son llama vehemente.

Hijo mío…
Cuando el fuego comenzó a arder en tu interior, no era para destruirte.
Era para abrir lo que estaba cerrado.
Era para derretir lo que estaba endurecido.
Era para quemar lo que no podía permanecer.

 LA MONTAÑA

La Purificación con Fuego

Era para transformar lo que debía ser nuevo.

Por eso tus manos se cerraron.
Por eso tu cuerpo se dobló.
Por eso tus lágrimas se hicieron más calientes.
Por eso tu alma tembló.
Porque estabas sintiendo algo que pocos han sentido:
mi amor desde adentro.

Hijo mío...

Cuando tu boca pronunció "YO AMO...",
no estabas hablando tú.
Era mi fuego hablando a través de ti.
Era mi amor derramándose.
Era mi corazón expresándose.
Era mi compasión extendiéndose sobre las naciones, sobre la creación, sobre la humanidad.

Yo puse esas palabras en tus labios.
Yo encendí ese amor en tu pecho.
Yo provoqué ese ardor que te hizo llorar.
Porque quería que sintieras, aunque fuera por un instante,
cómo amo Yo.
Cómo duele amar.
Cómo quema amar.
Cómo transforma amar.

Hijo mío...

Este fuego no es juicio para ti.
Es purificación.
Es capacitación.
Es preparación.
Es mi sello sobre tu alma.

 LA MONTAÑA

La Purificación con Fuego

El agua te limpió.
El fuego te transformó.
Y ahora tu corazón late con un amor que no es tuyo…
es mío.

Permanece así.
No apagues el fuego.
No huyas del ardor.
No temas el dolor santo.
Porque este fuego no te consume…

 LA MONTAÑA

La Purificación con Fuego

HABLANDO CON DIOS
Padre Puro, Gracias por tu Purificación

Cuando el Amor de Dios Me Quema por Dentro…

Padre Puro…

Estoy aquí, postrado, con el rostro en tierra, con el cuerpo temblando, con el alma ardiendo y con el espíritu despierto.
No sé cómo hablarte desde este fuego, pero sé que debo hacerlo.
No sé cómo poner en palabras lo que siento, pero sé que Tú lo entiendes todo.

Padre…

La lluvia me lavó, pero este fuego me está transformando.
El agua limpió mi cuerpo, las lágrimas limpiaron mi alma…
pero este ardor está tocando algo más profundo, algo que nunca había sido tocado, algo que ni siquiera sabía que existía.

No sé por qué duele tanto.
No sé por qué arde así.
No sé por qué siento que algo dentro de mí se rompe, se abre, se derrite.
Pero sé que eres Tú.
Sé que este fuego viene de Ti.
Sé que este dolor es santo.

LA MONTAÑA

La Purificación con Fuego

Padre...
    Cuando mi boca dijo "YO AMO...", supe que no era mi voz.
    Supe que no era mi corazón.
    Supe que no era mi emoción.
    Era Tu amor hablando desde dentro de mí.
    Era Tu corazón expresándose a través del mío.
Era Tu fuego pronunciando palabras que yo jamás habría dicho
por mí mismo.

YO AMO...
y sigo amando.
Y mientras lo digo, arde.
Y mientras arde, lloro.
Y mientras lloro, entiendo que estoy sintiendo algo que pertenece
solo a Ti.

Padre...
    Si este fuego es Tu amor, entonces no lo apagues.
    Si este ardor es Tu celo, entonces déjalo quemar.
    Si este dolor es Tu presencia, entonces no lo detengas.
Si esta llama es Tu corazón entrando en el mío, entonces hazlo
completamente.

Hazme arder con Tu amor.
Hazme sentir lo que Tú sientes.
Hazme llorar por lo que Tú lloras.

 LA MONTAÑA

La Purificación con Fuego

Hazme doler por lo que a Ti te duele.

Hazme amar como Tú amas.

Padre...

No quiero un amor tibio.
No quiero un corazón frío.
No quiero una vida sin fuego.
Quiero Tu llama.
Quiero Tu ardor.
Quiero Tu intensidad.
Quiero Tu celo santo.

Aquí estoy, Señor.
Abierto.
Expuesto.
Vulnerable.
Ardiendo.
Transformado.

Si este fuego es parte de Tu obra...
si este ardor es parte de Tu llamado...
si este dolor es parte de Tu amor...
entonces, Padre...
continúa.

Amén.

Capítulo 16

MI HISTORIA
SU PRESENCIA
El Tiempo de los Cielos Abiertos

"Porque así dijo el Alto y Sublime, el que habita la eternidad, y cuyo nombre es el Santo: Yo habito en la altura y la santidad, y con el quebrantado y humilde de espíritu, para hacer vivir el espíritu de los humildes, y para vivificar el corazón de los quebrantados."
(Isaías 57:15)

Oído el eco de aquella intensidad que atravesó todo mi ser —la lluvia que me lavó, las lágrimas que me vaciaron, el fuego que me purificó—, todo comenzó a aquietarse de manera suave, casi imperceptible.

La lluvia disminuyó hasta convertirse en un susurro.

Mis lágrimas se detuvieron como si hubieran cumplido su propósito. Y el ardor que quemaba dentro de mí empezó a disiparse lentamente, dejando tras de sí una sensación tan ligera que parecía que mi cuerpo podía flotar sobre las nubes.

LA MONTAÑA

Su Presencia

Fue entonces cuando las nubes también comenzaron a retirarse.

No se fueron de golpe, sino como si obedecieran una orden silenciosa, moviéndose en perfecta sincronía, abriéndose, separándose, revelando un cielo que hasta ese momento había permanecido oculto.

Y cuando la última nube se desvaneció, lo supe: los cielos se habían abierto para mí.

Con los cielos abiertos, la luz entró sin obstáculos.

La vista se extendió sin límites.

Y en ese instante pude ponerme de pie.

No porque mis fuerzas hubieran regresado, sino porque algo dentro de mí había sido regenerado por completo.

Mi cuerpo estaba lleno de energía, como si hubiera sido recargado desde la raíz.

Mi alma estaba limpia, fresca, liviana.

Y en mi espíritu había una paz tan profunda que no podía explicarla con palabras humanas.

Cuando levanté mis ojos y miré la ciudad desde aquella cima, entendí algo que nunca había comprendido en mis ascensos anteriores.

En todas mis subidas pasadas, siempre había una montaña más alta que bloqueaba mi vista, un obstáculo natural que limitaba mi perspectiva.

Pero esta vez no.

 LA MONTAÑA

Su Presencia

Esta vez Dios me había llevado a la cima más alta, al punto exacto donde nada se interponía entre mi mirada y la ciudad.

Era una vista completa, amplia, perfecta.

Una vista que solo se obtiene cuando es Dios quien guía el camino.

Y allí, contemplando la ciudad desde ese lugar privilegiado, entendí que dejarse guiar por el Espíritu Santo no es únicamente una experiencia espiritual que te lleva a la presencia de Dios.

También es una experiencia terrenal que te permite vivir con plenitud, con claridad, con propósito.

Es caminar por la vida con los ojos abiertos, disfrutando la creación como Dios la diseñó desde el principio: para ser vista, para ser apreciada, para ser celebrada.

Mi Amado me llevó por el camino de santidad.

Me llevó a Su presencia.

Y abrió los cielos para mí.

Era el Tiempo de los Cielos Abiertos para mí.

"Porque así dijo el Alto y Sublime, el que habita la eternidad, y cuyo nombre es el Santo: Yo habito en la altura y la santidad, y con el quebrantado y humilde de espíritu, para hacer vivir el espíritu de los humildes, y para vivificar el corazón de los quebrantados."
(Isaías 57:15)

LA MONTAÑA

Su Presencia

PERLAS PRECIOSAS
El Tiempo de los Cielos Abiertos

"Porque así dijo el Alto y Sublime, el que habita la eternidad, y cuyo nombre es el Santo: Yo habito en la altura y la santidad, y con el quebrantado y humilde de espíritu, para hacer vivir el espíritu de los humildes, y para vivificar el corazón de los quebrantados."
(Isaías 57:15)

Los cielos abiertos no son un fenómeno atmosférico.

Son un estado espiritual.

Un lugar del alma.

Una condición del corazón.

Un punto del camino donde Dios no solo se revela… habita.

Y aunque no todos subirán una montaña física, todos —sin excepción— serán llamados a caminar los procesos que llevan a Su presencia: la gloria que derriba, el agua que limpia, el fuego que purifica, y finalmente…la cima donde los cielos se abren.

En esta cima espiritual ocurren realidades que no se experimentan en el llano.

 LA MONTAÑA

Su Presencia

Y cada una de ellas revela un principio eterno.

EN LA CIMA: *La Perspectiva Cambia*

Quien está en lo plano ve lo que tiene enfrente.

Quien está en la cima ve lo que otros no pueden ver.

Desde arriba:
- ✓ La visión es más amplia
- ✓ Los detalles se ordenan
- ✓ Los caminos se entienden
- ✓ Las decisiones se aclaran

La cima no solo es un lugar... es una perspectiva.

Dios no te llevó arriba para impresionarte con la vista, sino para ensanchar tu entendimiento.

EN LA CIMA: *Eres MAS Visible*

En el llano, solo te ven quienes están cerca.

En la cima, te ve todo el valle.

La altura te expone:
- ✓ A la crítica
- ✓ A la opinión
- ✓ A la observación
- ✓ A la comparación

 LA MONTAÑA

Pero también te expone a la gloria.

Quien sube debe aceptar que la cima no solo da visión... también da visibilidad.

Y el que es visible debe aprender a vivir sin esconderse.

EN LA CIMA: *El Aire es MAS Limpio*

En lo alto, los contaminantes caen por gravedad.

El aire es puro. La respiración es profunda. La mente se aclara.

Así es la presencia de Dios:

- ✓ Un lugar donde el alma respira sin toxinas
- ✓ Sin ruido
- ✓ Sin distracciones
- ✓ Sin cargas innecesarias

La cima es un lugar donde la pureza es natural.

EN LA CIMA: *NO hay Espacio para Tonterías*

En el llano se puede jugar.

En la cima no.

Porque en la cima:

- ❖ Un paso en falso es fatal

 LA MONTAÑA

 *Su Presencia*

- ❖ Una distracción puede costar la vida
- ❖ Una ligereza puede provocar una caída

La altura exige seriedad espiritual.

No rigidez. No religiosidad.

Seriedad.

Quien está en la cima no puede vivir como quien está abajo.

EN LA CIMA: *Estás más cerca del Cielo*

No en distancia física... sino en sensibilidad espiritual.

En lo alto:

- ✓ La voz de Dios se escucha más clara
- ✓ Su presencia se siente más fuerte
- ✓ Su paz se percibe más profunda
- ✓ Su voluntad se entiende con mayor precisión

La cima es un lugar donde el cielo parece tocar la tierra.

EN LA CIMA: *Se Camina Bajo La Gloria de Dios*

Los que están abajo viven sostenidos por la misericordia de Dios.

 LA MONTAÑA

Su Presencia

Pero los que suben... los que pasan por el proceso... los que se rinden al agua y al fuego... viven bajo gloria de Dios.

La gloria no es un premio.

- ❖ Es un ambiente.
- ❖ Una cobertura.
- ❖ Una atmósfera.

La gloria es el lugar donde Dios se manifiesta, no solo donde Dios perdona.

La cima es Su presencia... y Su presencia es la cima

No todos subirán una montaña real.

Pero todos necesitan la presencia de Dios.

Y aunque no todos caminarán por senderos inclinados, todos pasarán por los procesos que llevan a la cima espiritual: la gloria que derriba, el agua que limpia, el fuego que purifica, y finalmente...los cielos abiertos.

Porque la cima no es geografía.

- ✓ Es encuentro.
- ✓ Es transformación.
- ✓ Es plenitud.
- ✓ Es visión.
- ✓ Es madurez.
- ✓ Es presencia.

La cima es el lugar donde Dios no solo habla...habita.

 LA MONTAÑA

Su Presencia

INTIMIDAD

¿Estoy Dispuesto a Vivir Bajo Cielos Abiertos?

Antes de avanzar, respira...

Este no es un espacio para recordar el agua que te lavó ni el fuego que te purificó.

Es un espacio para mirar hacia adentro desde la cima, desde la claridad, desde la paz que solo se encuentra cuando los cielos se abren.

En este lugar, **INTIMIDAD** se convierte en el sitio donde podrás escuchar lo que sucede dentro de ti cuando Dios te lleva a lo alto para revelarte Su presencia y Su propósito:
- Cuando el cuerpo ya no siente peso, sino ligereza.
- Cuando el alma ya no siente ardor, sino paz profunda.
- Cuando el espíritu ya no lucha por discernir... simplemente sabe.
- Cuando la vista se amplía y la vida se entiende desde otra perspectiva.

Aquí escucharás:

√ La voz del cuerpo, que reconoce que la fuerza ha regresado y que puede ponerse de pie bajo un cielo despejado.

√ La voz del alma, que descubre que el dolor se ha ido y que ahora flota en una paz que no puede explicar.

 LA MONTAÑA

Su Presencia

✓ La voz del espíritu, que afirma con certeza que la presencia de Dios sigue allí, aun cuando la nube ya no se ve.

✓ Y la voz del Espíritu Santo, que revela por qué te trajo a este lugar, por qué abrió los cielos y qué espera que veas desde aquí.

Este no es un espacio de lucha, sino de claridad.
No es un espacio de purificación, sino de visión.
No es un espacio de quebranto, sino de madurez.
Porque cuando Dios abre los cielos, el alma aprende a ver como Él ve.

INTIMIDAD, aquí, es el lugar donde tus voces internas se alinean con la verdad:

- ❖ Que la cima no es un premio, es un propósito.
- ❖ Que la visión amplia no se obtiene desde abajo, sino desde lo alto.
- ❖ Que la paz profunda llega después del proceso, no antes.
- ❖ Que la presencia de Dios no depende de la nube, sino del corazón.
- ❖ Que los cielos abiertos no son un evento… son un estado.
- ❖ Que la altura exige madurez, sobriedad y gratitud.

En este espacio, Dios no te pide lágrimas ni resistencia.
Te pide atención.
Te pide apertura.
Te pide contemplación.
Te pide que mires lo que Él quiere mostrarte.

Bienvenido a **INTIMIDAD**.
El lugar donde tu interior aprende que vivir bajo cielos abiertos no es una experiencia…
es una forma de vida.

 LA MONTAÑA

Su Presencia

DIALOGO INTERIOR
Cuando los Cielos se Abren y Todo se Aquieta

EL CUERPO DICE...

Ya no siento la lluvia sobre mi piel.

Ya no siento las lágrimas correr por mi rostro.

Todo está quieto ahora.

Mi fuerza ha regresado... la siento recorriendo mis brazos, mis piernas, mi espalda.

Puedo levantarme.

Puedo estar de pie.

Las nubes se han ido... todas.

El aire es tan limpio que parece nuevo.

Mi cuerpo está ligero, descansado, renovado.

Es como si hubiera despertado en otro lugar... aunque sigo en la cima.

EL ALMA DICE...

Ya no siento el fuego ardiendo dentro de mí.

Ya no hay dolor.

 LA MONTAÑA

Ya no hay llanto.

Ahora siento una paz tan profunda que me envuelve como si flotara entre las nubes que se fueron.

Mi interior está quieto, suave, silencioso.

Es una paz que no viene de mí... viene de Él.

Es como si mi alma hubiera sido lavada, purificada y ahora descansara en un abrazo invisible.

Me siento liviana... libre... completa.

EL ESPÍRITU DICE...

Yo sé lo que está pasando.

Aunque las nubes se hayan ido, Su presencia sigue aquí.

Él está con nosotros.

Lo siento.

Lo percibo.

Lo reconozco.

No estamos solos.

Nunca lo estuvimos.

 LA MONTAÑA

Su Presencia

Este lugar está lleno de Su gloria, aunque el cielo esté despejado.

Su presencia no depende de la nube... depende de Su amor.

Y Su amor está aquí, envolviéndonos, sosteniéndonos, guiándonos.

LOS TRES DICEN...

Te alabamos, Padre, porque eres bueno

y para siempre es Tu misericordia.

Gracias por fortalecernos en el camino.

Gracias por ayudarnos en cada paso.

Gracias por traernos hasta aquí,

a este lugar hermoso,

a esta cima donde podemos contemplar la ciudad contigo.

Gracias por abrir los cielos sobre nosotros

y permitirnos estar en Tu presencia.

 LA MONTAÑA

Su Presencia

SUSURROS DEL ESPIRITU SANTO
Hijo mío... Yo Soy Tu Paz

Razones del Cielo Abierto...

Hijo mío...
Te he traído hasta aquí por una razón.
Nada de lo que viviste en el camino fue casualidad.
Cada paso, cada lágrima, cada ardor, cada silencio y cada revelación tenía un propósito.
Y ahora que estás en la cima, ahora que los cielos están abiertos, ahora que tu cuerpo está fuerte, tu alma está limpia y tu espíritu está en paz...
puedo hablarte con claridad.

Te he traído hasta acá para que aprendas a ver desde una perspectiva más amplia.
Desde abajo solo ves lo inmediato.
Desde arriba ves lo eterno.
Aquí tu visión se expande, tu mente se abre y tu entendimiento se ensancha.
Aquí puedes ver lo que antes no podías ver.

Te he traído hasta acá para enseñarte que en lo alto no hay espacio para juegos ni distracciones.
En el llano se puede jugar.
En la cima no.
Aquí cada paso importa.
Aquí cada decisión pesa.
Aquí la ligereza puede convertirse en caída.
Por eso te formé antes de traerte.
Por eso te limpié.
Por eso te purifiqué.

 LA MONTAÑA

Su Presencia

Te he traído hasta acá para mostrarte que la altura expone.
Desde aquí muchos te verán.
Muchos te observarán.
Muchos hablarán.
Pero no temas la visibilidad.
La gloria también expone.
Y yo te cubro.

Te he traído hasta acá para que respires un aire más limpio.
El alma no puede vivir eternamente entre toxinas.
Aquí el aire es puro.
Aquí la mente se aclara.
Aquí el corazón descansa.
Aquí la presencia no se contamina.

Te he traído hasta acá para que entiendas que estás más cerca del cielo.
No en distancia física...
sino en sensibilidad espiritual.
Aquí mi voz es más clara.
Mi paz es más profunda.
Mi presencia es más tangible.

Te he traído hasta acá para que sepas que en la cima se camina bajo gloria, no solo bajo misericordia.
Los que están abajo viven sostenidos por mi compasión.
Pero los que suben...
los que pasan por el proceso...
los que se rinden al agua y al fuego...
viven bajo mi gloria.
Y mi gloria no solo perdona...
transforma.

 LA MONTAÑA

Su Presencia

Te he traído hasta acá porque este es el lugar donde quería
encontrarte.
No en el llano.
No en la mitad del camino.
Aquí.
En la cima.
En mi presencia.
Bajo cielos abiertos.

Hijo mío…
Todo lo que viviste te preparó para este momento.
Y todo lo que viene nacerá desde aquí.

Permanece en mi presencia.
Permanece en la cima.
Permanece bajo cielos abiertos.
Porque desde este lugar…
te enviaré.

 LA MONTAÑA

Su Presencia

HABLANDO CON DIOS
Padre Eterno, Gracias Por Tu Paz...

Padre Eterno...
Aquí estoy, de pie en esta cima, bajo cielos abiertos, con mi cuerpo fortalecido, mi alma en paz y mi espíritu seguro en Tu presencia.
Y hoy quiero agradecerte por cada razón por la que me trajiste hasta aquí.

Gracias, Padre...
Porque me trajiste a este lugar para enseñarme a ver desde una perspectiva más amplia.
Desde aquí mi visión se abrió, mi mente se ensanchó y mi entendimiento se elevó.
Gracias por mostrarme lo que no podía ver desde abajo.

Gracias, Señor...
Porque me trajiste a esta altura para enseñarme que en lo alto no hay espacio para juegos ni distracciones.
Aquí cada paso importa, cada decisión pesa, cada movimiento tiene propósito.
Gracias por formarme antes de traerme, para que pudiera permanecer firme en este lugar.

Gracias, Dios mío...

LA MONTAÑA

Su Presencia

Porque me trajiste a la cima sabiendo que aquí sería más visible.
Gracias por enseñarme que la exposición no es castigo, sino parte de la gloria.
Gracias por cubrirme aun cuando muchos ojos miran.

Gracias, Padre...
Porque me trajiste aquí para respirar un aire más limpio.
Gracias por purificar mi interior, por despejar mi mente, por limpiar mi alma de todo lo que no venía de Ti.
Gracias por este aire espiritual que me da vida.

Gracias, Señor...
Porque me trajiste a este lugar para estar más cerca del cielo.
Aquí Tu voz es más clara, Tu paz más profunda, Tu presencia más tangible.
Gracias por acercarme a Ti.

Gracias, Dios eterno...
Porque me trajiste a la cima para caminar bajo Tu gloria y no solo bajo Tu misericordia.
Gracias por cubrirme con Tu presencia, por rodearme con Tu luz, por sostenerme con Tu mano.
Gracias por hacerme parte de Tu obra y de Tu propósito.

Y gracias, Padre...
Porque este lugar no es solo una cima... es Tu presencia.

 LA MONTAÑA

Aquí me encontraste.
Aquí me hablaste.
Aquí me transformaste.
Aquí abriste los cielos sobre mí.

Hoy te digo:

Gracias por el camino,
gracias por el agua,
gracias por el fuego,
gracias por la gloria,
gracias por la cima,
gracias por Tu presencia.

Te alabamos, Padre, porque eres bueno
y para siempre es Tu misericordia.
Gracias por traernos hasta aquí,
a este lugar hermoso donde, junto a Ti,
podemos contemplar la ciudad...
y contemplarte a Ti.

Amén.

LA MONTAÑA

La Cima

CIERRE PROFÉTICO DE LA CUARTA PARTE
– LA CIMA –

SU PRESENCIA: El Tiempo de los Cielos Abiertos...

Has llegado al final de este libro... y no es poca cosa.

Lo que acabas de vivir no fue un simple relato espiritual: fue un ascenso, una transformación, una purificación profunda que muy pocos están dispuestos a enfrentar.

Hoy celebro tu camino...

- ✓ Celebro que enfrentaste procesos que no elegiste, y aun así los viviste con dignidad.
- ✓ Celebro que lloraste sin vergüenza, sin reservas, sin máscaras.
- ✓ Celebro que descubriste que el cielo responde al clamor sincero de un hijo.
- ✓ Celebro que obedeciste cuando no había fuerzas, cuando no había emoción, cuando no había suelo.
- ✓ Celebro que diste pasos hacia lo invisible, confiando solo en la Palabra.
- ✓ Celebro que estuviste dispuesto a morir a ti mismo antes que desobedecer.

Has dejado atrás muchas cosas...

- Has dejado atrás la ilusión de que puedes sostenerte solo.
- Has dejado atrás la dependencia de la emoción para creer.
- Has dejado atrás el miedo a la caída.
- Has dejado atrás la fe superficial que solo actúa cuando todo es fácil.
- Has dejado atrás la idea de que la obediencia depende de tu fuerza.

 LA MONTAÑA

La Cima

- Has dejado atrás la fe cómoda... para abrazar la fe que transforma, la fe que asciende, la fe que arde. Y el cielo lo ha visto.

Ahora, proféticamente, declaro sobre ti:

- ❖ Eres alguien que clama... y el cielo responde.
- ❖ Eres alguien que obedece... aun sin fuerzas.
- ❖ Eres alguien que cree... aun sin ver.
- ❖ Eres alguien que avanza... aun sin suelo.
- ❖ Eres alguien que se sostiene... no por músculo, sino por Palabra.
- ❖ Eres alguien que vive la fe que agrada a Dios.
- ❖ Eres alguien que está siendo preparado para encuentros más altos, más santos, más gloriosos.

Pero esto tampoco es el final...Lo que viene ahora es más profundo, más luminoso, más transformador... y más sagrado.

Has llegado a la cima, sí...pero la cima no es un destino.

La cima es un altar.

No es un logro... es un encuentro.

No es una meta... es una revelación.

Y hoy te digo con autoridad espiritual:

- ✓ Tú puedes.
- ✓ Lo vas a lograr.
- ✓ Vas a permanecer en la cima.

 LA MONTAÑA

La Cima

Y allí... vas a encontrarte con Él una y otra vez.

Dios estará contigo...

- ➢ Él te dará descanso después del esfuerzo.
- ➢ Él te dará claridad después del silencio.
- ➢ Él te dará revelación después de la obediencia.
- ➢ Él te dará intimidad después del riesgo.
- ➢ Él te dará Su Presencia... como recompensa de tu fe.

No temas lo que viene. No temas la altura. No temas la gloria. La cima no viene para intimidarte, sino para transformarte. No viene para agotarte, sino para llenarte. No viene para quebrarte, sino para revelarte Su Presencia.

Prepárate. Respira. Ajusta tu espíritu. Da el siguiente paso.

La montaña no se conquista con fuerza...se conquista con fe. Y tú ya fuiste formado para esto.

Bienvenido al final del libro. Pero no al final de la historia.

Porque lo que viviste aquí ocurrió durante el día... y aún falta narrar lo que sucedió durante la noche, en la cima de la montaña, en Su Presencia.

Aún quedan experiencias. Aún quedan revelaciones. Aún quedan tesoros. Aún queda gloria.

Todo eso será revelado en el próximo libro:

"LA CIMA DE LA MONTAÑA: *Una Noche en Su Presencia*"

Y cuando llegue ese momento...

Él te estará esperando allí también.

"Y habrá allí calzada y camino, y será llamado **Camino de Santidad***; no pasará inmundo por él, sino que él mismo estará con ellos; el que anduviere en este camino, por torpe que sea, no se extraviará..."*

(Isaías 35:8)

 LA MONTAÑA

AGRADECIMIENTOS

Con este hermoso libro, se cierra un ciclo de mi vida. Un ciclo de 27 años, iniciado desde mi experiencia personal con Dios en la Montaña hasta la edición y publicación de este libro. Por tal motivo, quiero expresar y dejar plasmado mis agradecimientos a:

- ✓ **A mi Padre Celestial**, Eterno, Majestuoso, Todopoderoso y Misericordioso…porque me ha escogido desde el vientre de mi madre. ¡¡¡Gracias Padre!!!

- ✓ **A mi Señor Jesucristo**, el Verbo hecho Carne, el Mesías prometido desde tiempos antiguos por medio de Quien tenemos acceso al Padre. ¡¡¡Gracias Jesús!!!

- ✓ **A mi Consolador**, El Espíritu Santo, quien me ha redargüido, sostenido, consolado, animado, enseñado y acompañado, en todo tiempo. ¡¡¡Gracias Espíritu Santo!!!

- ✓ **A mis padres, Luis y Mireya**, por haberme procreado, criado y enseñado el Camino. ¡¡¡Gracias Papa y Gracias Mama!!!

- ✓ **A mi esposa, Ana Villatoro**, por haberme apoyado y tenido paciencia. ¡¡¡Gracias Ana!!!

- ✓ **A todos mis amigos y hermanos**, que durante la vida han creído en mi llamado y me han apoyado más allá de mis fallas y dificultades. ¡¡¡Gracias, amigos!!!

- ✓ **A todos mis enemigos**, quienes nunca creyeron en mí, y hasta fueron de obstáculo. Gracias porque ustedes me hicieron más fuerte. ¡¡¡Gracias, enemigos!!!

"Por tanto, al Rey de los siglos, inmortal, invisible, al único y sabio Dios, sea honor y gloria por los siglos de los siglos. Amen."
(1 Timoteo 1:17)